지도 없이 떠나는
101일간의 과학사 일주
A 101-day Trip Around History of Science Without a Map

1판 1쇄 | 2008년 7월 30일
1판 5쇄 | 2014년 12월 1일

글 | 박영수
그림 | 이리

펴낸이 | 박현진
펴낸곳 | (주)풀과바람
주소 | 경기도 파주시 광인사길 71(문발동, 파주출판도시)
전화 | (031) 955-1515~6
팩스 | (031) 955-1517
출판등록 | 2000년 4월 24일 제20-328호
홈페이지 | http://www.grassandwind.com
이메일 | grassandwind@hanmail.net

ⓒ 글 박영수, 그림 이리, 2008

이 책의 출판권은 (주)풀과바람에 있습니다.
저작권법에 의해 보호를 받는 저작물이므로 무단 전재와 복제를 금합니다.

값 | 9,800원
ISBN 978-89-8389-418-2 73400

※ 잘못 만들어진 책은 구입처에서 바꾸어 드립니다.

지도 없이 떠나는
101일간의 과학사 일주

글·박영수 | 그림·이리

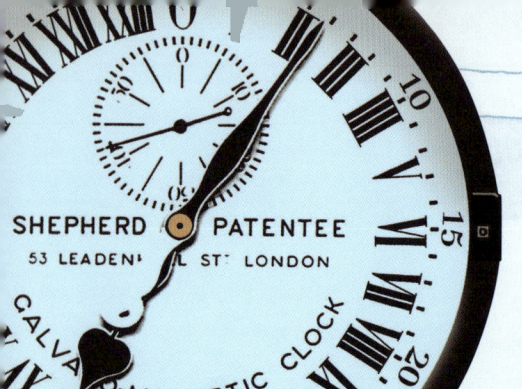

머리말

"과학을 모른 채 행동에 나서는 사람은 나침반이나 방향키 없이 배를 몰고 가는 것과 마찬가지로, 어디로 가는지 확실치 않다."

레오나르도 다빈치가 남긴 말에서 짐작할 수 있듯, 과학은 인류의 도우미입니다. 사전적으로 '과학'은 보편적 진리나 법칙을 발견하고자 하는 체계적 지식을 의미하며, 어떤 대상을 객관적인 방법으로 살펴보는 연구결과이기도 합니다.

어떤 것이 과학적인가, 하는 생각은 시대나 나라에 따라 조금씩 다릅니다. 어떤 곳에서는 과학인 게 다른 지역에서는 놀라운 초능력으로 평가받는가 하면, 과거엔 근거 없는 미신으로 여겨졌으나 현대 들어 과학적 효과가 인정되는 경우도 있으니까요. 오랜 옛날, 사람들에게 신처럼 보이려 했던 성직자가 원시적 엘리베이터(무겁고 커다란 석재를 밧줄로 묶은 뒤 고정 도르래를 이용하여 높은 곳으로 끌어올리는 장치)를 이용해 바위 뒤에서 솟아올라오는 모습을 보여준 게 그렇습니다. 반면에 '약손'이라 하여 배 아플 때 손으로 쓰다듬어준 행위는 최근 들어 실제 효능이 있음이 밝혀지기도 했지요. 다시 말해 어떤 지식을 가지고 대상을 보느냐에 따라 과학이 될 수도 있고 미신 혹은 초능력이 될 수도 있는 것입니다.

인류는 문명사회를 건설한 이후 놀라운 속도로 발전된 모습을 펼쳤는데, 그 바탕에 과학이 있었습니다. 음식을 담기 위해 그릇을 만들고, 국물을 뜨기 위해 숟가락을 만들었으며, 물건을 자르고자 가위를 발명했습니다. 그런가 하면 바람을 막은 상태에서 밖을 보기 위해 유리를 만들었고요. 그런 점에서 인류 역사는 과학 개척의 이야기라고도 말할 수 있습니다.

　과학사를 훑어보면 각각의 사물이 따로 놀지 않는다는 걸 알게 됩니다. 누군가 무엇을 만들어내면 그걸 개량하거나 거기에서 착안한 새로운 물건을 만들었으니까요. 예컨대 바퀴-수레-마차-자전거-자동차의 역사는 제각기 다르지만 떼려야 뗄 수 없는 관계이듯 말입니다.

　이 책은 인류에게 큰 도움을 준 발명품을 선정하여 그에 대해 다루어 보았습니다. 또한 여러 사물을 도구, 재료, 보존, 교통, 정보의 5개 테마로 묶어 과학의 큰 흐름을 알 수 있도록 구성했습니다. 따라서 독자 여러분께서는 인류 과학사를 한눈에 파악할 수 있을 것입니다. 아무쪼록 즐거운 과학사 여행이 되길 기원합니다.

지은이 **박영수**

차례

제 1 장 도구

1·2 일째	불 : 문명의 씨앗_12
3·4 일째	석기 : 갖가지 도구의 원조_16
5·6 일째	칼 : 요리의 동반자_20
7·8 일째	숟가락 : 국물 음식의 지혜를 담은 도구_24
9·10 일째	가위 : 지렛대 원리를 응용한 절단용 도구_28
11·12 일째	망치 : 대장장이의 둘도 없는 친구_32
13·14 일째	바늘 : 뚫고 지나가며 옷을 만드는 막대기_36
15·16 일째	총기 : 짧은 순간에 엄청난 충격을 주는 무기_40
17·18 일째	타자기 : 필기의 기계 시대를 연 선두주자_44
19·20 일째	로봇 : 힘든 일을 대신하는 힘센 일꾼_48

제 2 장 재료

21·22 일째	금 : 태양처럼 빛나는 화려한 물질_54
23·24 일째	은 : 독성에 민감하게 반응하는 청결 지킴이_58
25·26 일째	구리 : 조각상에서 농기구를 거쳐 탄생한 전기제품_62
27·28 일째	유리 : 속이 보이는 신기한 물질_66
29·30 일째	고무 : 통통 튀는 방수물질_70

31·32 일째	강철 : 차가운 물로 뜨거운 쇠를 다스린 마술_74
33·34 일째	석탄 : 오래된 식물이 검게 변한 암석_78
35·36 일째	석유 : 검은 황금으로 바뀐 동물 무덤_82
37·38 일째	플라스틱 : 어떤 모양이든 만들 수 있는 만능 재료_86
39·40 일째	합성섬유 : 부드럽고 가벼운 인공 옷감_90

제 3 장 보존

41·42 일째	그릇 : 식량 보존을 위해 필요한 절대적인 물건_96
43·44 일째	저장식품 : 식량 부족의 위기를 넘기게 해준 음식_100
45·46 일째	집 : 안전하고 편안한 쉼터_104
47·48 일째	건전지 : 잡아당기는 힘이 저장된 전기에너지_108
49·50 일째	옷 : 신분이나 처지를 반영하는 인체 보호막_112
51·52 일째	신발 : 발을 보호하고 멋을 내는 보호용품_116
53·54 일째	가방 : 들고 다닐 수 있는 보관함_120
55·56 일째	자물쇠 : 안전하다는 믿음을 주는 잠금장치_124
57·58 일째	깡통 : 오랜 시간 음식을 보관할 수 있는 특수용기_128
59·60 일째	박물관 : 한눈에 볼 수 있는 동서고금 세계여행_132

제 4 장 교통	61·62 일째	바퀴 : 구르는 둥근 돌에서 찾은 이치_138
	63·64 일째	마차 : 평소에는 4륜, 전투에서는 2륜_142
	65·66 일째	자전거 : 모든 동력기계의 원리를 갖춘 친환경 교통수단_146
	67·68 일째	기차 : 말보다 빠른 최초의 차_150
	69·70 일째	배 : 물에 길을 만들다_154
	71·72 일째	자동차 : 동물 없이 저절로 움직이는 차_158
	73·74 일째	비행기 : 철새의 움직임에서 파악한 비행 원리_162
	75·76 일째	지하철 : 지하세계를 뚫고 다니는 도시민의 발_166

77·78 일째	잠수함 : 고래를 닮은 해저 이동선 _170	
79·80 일째	우주선 : 환상과 상상을 찾아 떠나는 색다른 관광 _174	

제 5 장 정보

81·82 일째	나침반 : 방향을 알려주는 휴대용 도우미 _180
83·84 일째	지도 : 위치를 알려주는 그림 _184
85·86 일째	전화 : 사람과 사람을 이어주는 충직한 심부름꾼 _188
87·88 일째	신문 : 가장 빠르고 정확하게 알려주는 소식꾼 _192
89·90 일째	포스터 : 범죄자 체포에서 시작된 홍보용 그림 _196
91·92 일째	책 : 지식 및 상상 여행 정보를 담은 기록 _200
93·94 일째	달력 : 시간의 흐름을 계산한 숫자들의 행진 _204
95·96 일째	시계 : 시간을 알려주는 기계 _208
97·98 일째	온도계 : 뜨겁고 찬 상태를 숫자로 알려주는 기구 _212
99·100 일째	텔레비전 : 보고 즐기는 정보 오락기기 _216
101 일째	컴퓨터 : 계산능력을 갖춘 문자 정보 도서관 _220

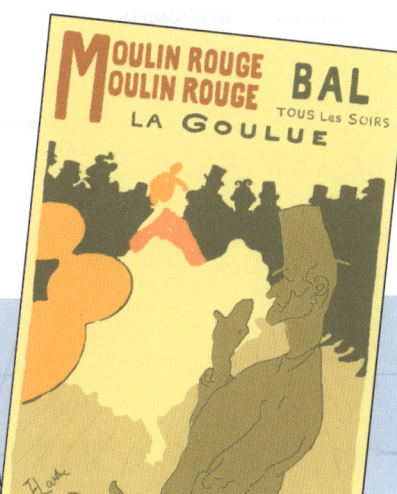

CANADA
North
Atlantic
Ocean
UNITED STATES
PORTUGAL
SPAIN
MOROCCO
MAURITANIA
MALI
VENEZUELA
COLOMBIA
ECUADOR
LIBERIA
BRAZIL
PERU
BOLIVIA
South
Atlantic
Ocean
CHILE
ARGENTINA

제1장
도구

1·2일째 불 : 문명의 씨앗 3·4일째 석기 : 갖가지 도구의 원조 5·6일째 칼 : 요리의 동반자 7·8일째 숟가락 : 국물 음식의 지혜를 담은 도구 9·10일째 가위 : 지렛대 원리를 응용한 절단용 도구 11·12일째 망치 : 대장장이의 둘도 없는 친구 13·14일째 바늘 : 뚫고 지나가며 옷을 만드는 막대기 15·16일째 총기 : 짧은 순간에 엄청난 충격을 주는 무기 17·18일째 타자기 : 필기의 기계 시대를 연 선두주자 19·20일째 로봇 : 힘든 일을 대신하는 힘센 일꾼

1·2 일째

불 : 문명의 씨앗

"앗, 뜨거워!"

불은 인류가 지구상에 나타나기 이전부터 있었습니다. 화산이 폭발하면서 내뱉은 용암이나, 번개를 맞아 불타는 나뭇가지가 그 주인공입니다. 인류는 불을, 시시각각 형태가 변하는 무서운 괴물로 생각했습니다. 수시로 움직이는 모습이 그렇게 보였으니까요. 더구나 불은 가까이 있는 것들을 빨아들여 재로 만들어버리는 무서운 존재였습니다.

"저 뜨거운 것의 정체는 뭘까? 혹시 태양의 자식이 아닐까?"

인간은 두려움으로 인해 불을 숭배하기 시작했습니다. 아울러 불에게 나뭇가지나 석탄 따위를 먹이로 주면서 친하게 지내려고 노력했습니다. 이런 일은 태양이나 불을 받들어 모시는 종교로 이어졌습니다. 배화교(拜火敎)로 번역되는 조로아스터교가 그 중 하나로써 신전 중심부에 '불의 집'을 마련해놓는 게 특징입니다.

이집트에서는 태양을 숭배했고 스핑크스로 형상화했습니다. 이집트에 세워진 거대한 스핑크스들이 모두 해가 뜨는 방향을 향한 것도 태양숭배와 관련이 깊습니다. 불을 두려워하기는 그리스인들도 마찬가지였습니다. 그리스 신화에 따르면 프로메테우스라는 거인이 신의 영역인 올림푸스산에서 불을 훔쳐 인간에게 주었다고 전해집니다. 덕분에 인간은 불을 이용하게 됐으나, 프로메테우스는 반

역죄로 날마다 독수리에게 간을 쪼아 먹히는 형벌을 받게 됐다고 합니다.

　이런 신화를 가진 그리스인은 프로메테우스에게 감사하다는 뜻으로, 아테나 여신 축제 때 아테네 교외 벌판에서 제사를 지내는 한편 불을 기념하여 제단에서 성문까지 횃불경주를 하기도 했습니다. 현대 육상경기에서 여러 선수가 차례로 배턴을 주고받는 이어달리기(릴레이)가 그것에서 유래한 운동입니다. 그만큼 그리스인에게 불은 고마운 존재였고, 이런 관념은 '불씨의 여신' 헤스티아로 이어져서 난롯불에 여신이 살고 있다고 믿기에 이르렀습니다.

　인간은 불을 발명해내지는 못했지만 불을 사용하는 방법은 알아냈습니다. 불이 있으면 한밤에 추위를 물리치고 맹수의 공격도 막을 수 있었습니다. 또한 밤에 사냥을 할 수 있었고 컴컴한 동굴로 들어가 안전하게 쉴 수도 있었습니다. 한가한 시간에는 불빛을 이용해 가죽옷을 만들거나 무기를 만들 수 있었습니다. 인류 최초의 예술가들은 동굴에 벽화를 남기기도 했습니다. 모두 불이 있었기에 가능한 일이었습니다. 따라서 불은 문명의 씨앗이나 다름없습니다.

　"먹이를 구했으니, 이제 남는 시간에 뭘 할까?"

　인류는 보다 즐겁고 행복해지는 방법을 연구했고 그 과정에서 문명사회를 형성했습니다. 동물은 그저 먹이를 구하기에 바빴으나, 인간은 시간을 효율적으로 사용하는 지혜를 발휘한 덕에 보다 편한 세상을 만들게 된 것입니다. 그러므로 불은 인간과 동물을 구분 짓는 결정적 요소이기도 합니다. (불을 가진 사람과 그렇지 못한 동물의 대결은 대부분 불의 승리로 끝났으니까요.)

인간은 처음에 자연에서 불을 구했으나 불의 필요성이 높았기에 본격적으로 불을 다루기 시작했습니다. 화로에 불씨를 보존하고, 불을 이용해 파괴가 아닌 생산에 나섰습니다. 이때 나빠 보이는 것이라도 길들이고 활용하기에 따라 유익해진다는 사실도 깨달았습니다.

불은 여러 면에서 문명에 기여했다고 할 수 있는데, 식생활에서 특히 그랬습니다. 우연히 익혀서 먹게 된 고기가 날것보다 맛있다는 것을 알고부터 인간은 음식을 익혀 먹게 되었습니다. 불에 익은 고기는 씹기 편했습니다. 때문에 점차 턱의 씹는 힘이 약해졌지만, 턱이 작아지는 대신 두뇌가 커졌습니다. 또한 익은 고기는 소화가 잘 되었으므로 근육이나 위장의 부담이 적어져서 그만큼 두뇌에서 쓸 수 있는 에너지가 늘어났습니다. 이는 언어 사용을 가능하게 하면서 인간을 '지혜의 동물'로 만들었습니다.

그런 점에서 불의 발견은 문명의 어머니요, 지혜의 아버지인 셈입니다.

3·4 일째

석기 : 갖가지 도구의 원조

'지구에서 오직 인간만이 도구를 사용한다.'

위 말은 옳을까요, 틀릴까요? 결론부터 말하자면 틀렸습니다. 나뭇가지를 이용해 집을 짓는 새가 많고, 돌을 집어던져 타조 알을 깨먹는 대머리독수리도 있으니까요. 심지어 원숭이는 위험에 처했을 때 나뭇가지와 돌을 던져 공격하기도 합니다. 그렇다면 왜 '도구의 사용'을 인간의 특징 중 하나로 꼽을까요?

그 이유는 도구를 쓰는 자세에 있습니다. 동물의 경우 목적에 맞는 자연적 도구를 주변에서 구하여 본능적으로 사용합니다. 그리고 그런 행동양식은 아무리 세월이 흘러도 변하지 않습니다. 동물은 수만년 전이나 지금이나 같은 도구로 같은 행위를 되풀이할 뿐입니다.

이에 비해 사람은 필요에 따라 도구를 고쳐 씁니다. 또한 동물은 도구를 한번 쓰고 버리기 일쑤인데 사람은 여러 번 반복하여 사용합니다. 이를테면 나무를 깎기 위해서 돌을 날카롭게 다듬고, 못을 박기 위해서 망치를 만듭니다. 이처럼 쓰임새에 맞춰 도구를 고쳐 다듬는 노력이 거듭 되면서 인류 문명이 발전했습니다. 끊임없이 연구하여 갖가지 도구를 만든 지혜, 그게 바로 도구를 사용하는 동물과 사람이 다르다는 근본적인 차이입니다.

석기시대의 발전과정을 살펴봐도 그렇습니다. 구석기시대에는 돌과 돌을 부딪쳐가며 던지기 쉬운 크기로 만들어 먹이사냥에 사용했습니다. 구석기시대 말

에는 돌을 화살촉처럼 아주 뾰족하게 다듬어 동물의 가죽을 뚫을 수 있게 했습니다. 신석기시대엔 생활에 필요한 다양한 석기를 만들었습니다. 재질은 똑같은 돌일지라도 세월이 흐를수록 기능을 강화하였고 여러 면으로 활용하였습니다.

인류가 언제 처음 돌을 사용하여 도구를 만들었는지 정확히 알 수는 없습니다. 현재까지 남아있는 가장 오래된 석기는 1969년 아프리카에서 발견된 돌칼날인데 260만 년 전 유물로 추정합니다. 따라서 대략 그 무렵부터 여러 지역에서 석기를 썼으리라 여기고 있습니다.

선사시대 인간은 돌을 다루면서 여러 기술도 깨쳤습니다. 돌을 잘 다듬으면 물건을 자르고, 벗기고, 뚫을 수 있다는 걸 알아내자 생활이 급격히 달라졌습니다. 편리한 생활을 위해 각종 도구를 만들고 그걸로 가죽옷을 짓거나 음식 재료를 가공하여 맛을 더욱 좋아지게 했습니다.

사실 석기는 인류가 손의 자유를 얻었기에 가능했던 발명이었습니다. 뭔가를 꽉 쥘 수 있고, 여러 각도로 섬세히 동작할 수 있기에 다양한 석기를 만들어낼 수 있었으니까요. 지구상에서 최초로 돌을 사용한 인류를 '호모하빌리스'라고 부르는 이유가 여기에 있습니다. '호모'는 사람, '하빌리스'는 손·능력이므로 '호모하빌리스'는 손 잘 쓰는 사람·능력 있는 사람을 의미합니다. 그 시대에는 석기를 잘 만드는 사람을 대단한 능력가로 여겼을 것입니다. 뒤를 이은 현생인류인 '호모사피엔스'는 생각하는 사람·지혜로운 인간이라는 뜻으로 농경·목축이라는 혁명적 생산수단을 발명하여 석기시대의 끝을 장식했습니다.

"돌로 곡식을 비벼봐. 껍질이 벗겨져."

처음에 인류는 사냥을 할 때만 돌을 사용했지만 점차 그 모양을 다듬어 무기를 만들고 식품 가공에도 적극 활용했습니다. 창끝에 돌칼을 달아 던지고, 돌도

끼로 나무를 찍고, 돌문지르개로 표면을 다듬고, 돌과 돌을 겹친 맷돌로 곡식을 갈았습니다.

 그것 뿐인가요. 석기시대 인류는 썩은 치아를 치료할 때도 돌을 썼습니다. 날카로운 돌송곳으로 충치의 썩은 부분을 도려낸 것입니다. 쐐기 역시 빼놓을 수 없는 발명품입니다. 쐐기는 끝을 예리하게 다듬어 나무나 돌을 두 조각으로 가르는 도구로써, 양쪽에 비스듬한 경사면을 가집니다. 단지 두 쪽으로 가르게 하는 힘이 놀라운 게 아니라 비스듬한 경사에서 여러 지혜를 발견했다는 게 놀랍습니다. 나무를 찍어 쪼개는 도끼, 나무 표면을 깎아내는 끌, 땅을 파는 삽, 물건을 박을 때 쓰는 못 모두가 경사면을 가진 쐐기에서 파생된 도구입니다. 한 가지 이치로 열 가지 쓰임새를 알아내게끔 한 도구가 쐐기인 셈입니다. 석기는 이래저래 도구의 원조라고 할 수 있습니다.

5·6 일째

칼 : 요리의 동반자

"으악!"

원시시대에 맨발로 길을 걷던 사람이 날카로운 돌조각에 발을 베이자 비명을 질렀습니다. 깨어진 흑요석이었습니다. 그는 처음엔 아파서 어쩔 줄 몰라 했으나 문득 날카로운 돌의 쓰임새가 떠올랐습니다. 이후 고기를 베어낼 때, 가벼운 타격으로도 예리한 칼날을 만들 수 있는 흑요석(유리질 화산암)을 사용했습니다. 찌르거나 베는데 쓰는 칼은 이렇게 태어났습니다.

석기시대의 칼은 대부분 흑요석 돌칼이고, 돌칼은 육식에서 빼놓을 수 없는 도구입니다. 왜 그럴까요?

"나무에 열매가 열리지 않았어."

빙하시대에 인류는 먹을거리를 찾는데 애를 먹었습니다. 그때까지 주변에 흔했던 식물이 열매를 맺지 못했기 때문입니다. 인간은 새로운 환경에 적응해야 했고, 자연스레 동물성 음식물에 눈을 돌렸습니다.

그런데 날고기는 그냥 손과 입으로만 먹기에는 불편했습니다. 이때 날카로운 돌칼은 고기를 도려내거나 뚫고 자르는데 쓸모가 많았습니다. 또 돌칼로 가죽을 벗겨서 가죽옷을 만들 수도 있었습니다. 불에 고기를 구울 줄 알게 되면서부터는 고기 살점을 돌꼬챙이에 꿰거나 통째로 익힌 다음 조각조각 잘라내어 먹었습니다. 익은 고기는 소화가 잘 되어 인체의 성장과 진화를 도왔습니다. 돌칼은 육

식생활의 동반자였던 것입니다.

　요리에 사용하는 칼을 식칼이라고 하는데, 그 모양은 문화권마다 조금씩 다릅니다. 예컨대 서양의 경우는, 고기를 자르기 위해 칼 전체를 하나의 크고 뭉툭한 형으로 떠서 만듭니다. 중국의 식칼은, 고기를 절단 내기 쉽게끔 네모나고 두툼하며 칼날이 넓습니다. 일본의 식칼은, 물고기를 세밀히 뜨고자 칼끝이 뾰족하고 길이가 길며 폭이 좁습니다. 한국의 식칼은, 그 중간 형태로써 채소를 썰기에 적당하도록 조금 날카로운 칼날을 가졌습니다. 무엇을 먹고 사느냐에 따라 그것을 다루기 편하도록 식칼을 만들었기 때문에 그렇습니다. 그러므로 식칼을 보면 주된 식재료가 무엇인지 짐작할 수 있습니다.

　칼은 무기로도 쓰였습니다. '칼'의 어원 '갇'은 '가르다'라는 뜻을 지닌바, 적이나 동물을 갈라 죽인 도구가 곧 칼이었음을 알 수 있습니다. 같은 칼이라도 동

양과 서양에 차이가 있습니다. 단적인 비교를 들면, 서양의 칼은 양손으로 잡은 채 내리치거나 찌르는 반면 동양의 칼은 한손으로 잡아 스치듯 베어냅니다. 왜 그럴까요? 이런 차이는 사람의 몸집과 금속을 다루는 제련기술에서 비롯됐습니다. 옛날 서양에서는 제련기술이 부족한 까닭에 칼이 부러지지 않도록 두껍고 무겁게 만들었습니다. 이런 칼은 전투에서 직선으로 찌르거나 위에서 힘껏 내리쳐야만 효과를 볼 수 있습니다. 이 경우 끝이 뾰족하고 양날이어야 찌르기 쉬우므로 무기로 사용된 서양의 칼은 양날로 만들어졌습니다. 사선으로 내려치기를 반복하는 서양영화에서의 칼싸움 장면을 연상하면 이해하기 쉬울 것입니다. 서양식 검술인 펜싱에서, 주된 기술이 찌르기인 이유도 여기에 있습니다.

"그런 칼로 대나무를 벨 수 있겠어?"

이에 비해 동양의 칼은 대부분 한쪽 날입니다. 서양인에 비해 몸집이 작은 점을 감안해서 그렇기도 하지만 상대적으로 발달한 제련기술 덕도 큽니다. 동양의 숙련공은 칼날을 수없이 두들겨 얇으면서도 잘 부러지지 않게 만든 것입니다. 이런 칼은 휘두르기 쉬우므로 자연스레 곡선형 칼날이 되면서 베는 기술로 이어졌습니다. 부드러운 동작으로 단번에 휘어 베는 기술은 곡선형 칼날로만 가능합니다.

한편 칼은 처형도구로도 쓰였고, 수술용 도구로도 사용됐습니다. 칼이 좋은 도구 혹은 나쁜 도구가 되는 일은 전적으로 쓰는 사람의 목적에 달려있는 것입니다.

7·8일째

숟가락 : 국물 음식의 지혜를 담은 도구

열 숟가락이 모이면 한 그릇 밥이 된다 : 열 사람이 각기 한 숟가락씩 밥을 내모으면 한 그릇 밥이 되어서 (밥 없는) 한 사람을 도울 수 있게 된다는 뜻.

부엌에서 숟가락 얻었다 : 대단찮은 일을 하고는 크게 자랑하는 것을 비웃는 속담.

여기서의 '숟가락'은 밥·국 따위를 떠먹는 기구를 가리킵니다. 숟가락의 '숟'은 '쇠(鐵)'의 조어인 '서' 모음이 바뀐 말이고, '가락'은 '손(手)'의 뜻을 지닌 말입니다. 따라서 숟가락은 '쇠로 된 손'이라는 뜻입니다. 이로 미뤄 철기문

명이 시작됐을 때 철제 숟가락이 만들어졌음을 짐작할 수 있습니다.

원시시대 사람들은 처음에 음식물을 불에 직접 구워 먹었으나, 물고기나 고기를 삶을 줄 알게 되면서 그걸 건져내거나 국물을 떠먹고자 움푹 파인 숟가락을 만들었습니다. 국물이 숟가락을 부른 셈입니다. 그러므로 아마도 최초의 숟가락은 조가비였을 것입니다. 삶은 물고기에서 떨어져나간 살점을 떠먹고자 자연에서 쉽게 구할 수 있는 조가비를 숟가락처럼 썼으리라 여겨집니다.

"조가비에 손잡이가 있으면 좋겠어."

뜨거운 국물을 뜨다 손을 데기 일쑤이자, 손잡이가 필요하다는 걸 깨달았습니다. 이후 인류는 열전도율이 낮은 나무를 파내거나 진흙을 구워 숟가락을 만들었습니다. 고대 그리스에서는 나무 숟가락을 사용했는데, 숟가락을 뜻하는 영어 '스푼(spoon)'이 본래 '나무토막'이란 의미를 갖고 있습니다.

'국물'은 인류 식생활사에서 의미 깊은 사건입니다. 적은 식량으로 보다 많은 사람을 먹일 수 있게 됐으니까요. 또한 뼈에서 떨어져나온 고기 살점을 숟가락을 이용해 떠먹을 수 있어 고기 한 점 버리지 않게 되는 장점이 있었고, 뼈와 고기를 우려낸 국물은 영양학적으로도 부족함이 없었습니다. 특히 식량이 부족한 상황에서의 국물은 수많은 목숨을 구해주는 지혜의 음식이었습니다.

서양의 경우 고대 그리스인이 숟가락을 사용했지만 그건 부엌에서 요리를 할 때였습니다. 펄펄 끓는 물에 익힌 고기를 꺼낼 때나 숟가락을 사용했습니다. 식탁에서는 칼로 고기를 잘라 먹었으므로 숟가락을 쓸 일이 별로 없었습니다.

중세 유럽에서도 요리 중인 음식을 젓거나 떠낼 때 또는 식탁의 공동 접시에서 작은 고기 조각을 덜어올 때 숟가락을 썼습니다. 그 영향인지 지금도 서양인들은 샐러드를 덜어올 때 숟가락을 사용하곤 합니다.

중세 말엽에는 일부 사람들이 스프를 먹을 때 숟가락을 썼습니다. 르네상스 때에는 화려한 숟가락으로 신분을 자랑하기도 했습니다. 손잡이 부분을 평소 좋게 생각해왔던 짐승의 다리 모양으로 꾸미거나, 사자처럼 용맹한 동물을 새겨 권위를 과시했던 것입니다. 그러다 16세기 이후 숟가락의 모양이 단순해지면서 현재와 같이 기능적인 형태로 바뀌었습니다.

우리의 경우 삼국시대 이전부터 숟가락을 사용했으며, 그 모양은 시대에 따라 다소 달랐습니다. 삼국시대에는 긴 손잡이 끝에 있는 큰 뜨개가 특징입니다. 이런 형태는 뜨거운 국물을 짧은 시간에 많이 퍼서 담을 수 있어 그 시대에 국물 음식이 성행했음을 알 수 있습니다.

고려시대 숟가락은 조금 특이합니다. 밥을 뜨는 앞부분은 버드나무 잎사귀 모양이고, 손으로 잡는 뒷부분은 제비꼬리 모양으로 갈라져 있거든요. 이런 형태는 국물 음식이 줄어들었고, 포크를 이용해 꼭 찍어먹는 종류가 많아졌음을 알게 해줍니다. 과일을 찍어 먹었으리라 짐작됩니다.

조선시대에 와서 지금과 같은 모양으로 굳어졌습니다. 이 무렵에는 검소한 식생활이 장려된바 숟가락 역시 그에 맞게 실용적으로 바뀐 것입니다. 그렇지만 사치하고픈 욕망은 어느 시대에나 있기 마련입니다. 조선시대 후기에 금빛이 반짝이는 놋쇠가 황금 대용품으로 인기를 끌면서 놋숟가락이 상류층의 식사도구로 자리 잡았고 얼마 후 대중화되었습니다. 다시 말해 놋숟가락은 황금숟가락의 모방품으로 탄생하여 일반에 널리 퍼진 것입니다.

9·10 일째

가위 : 지렛대 원리를 응용한 절단용 도구

"지금 많이 보고 싶지만, 장차 학업을 이룬 뒤에 만나면 어떻겠습니까?"
"음. 그럽시다."

신사임당은 결혼 후 남편 이원수의 동의를 얻어 친정에서 생활했습니다. 그렇지만 이원수는 차마 발걸음을 떼지 못하겠다면서 며칠 동안 계속 집으로 되돌아왔습니다. 그러자 사임당은 바느질 그릇에서 가위를 꺼내어들고 진지한 표정으로 말했습니다.

"만일 당신이 이같이 나약하고 무능력한 남자로 그친다면, 나는 이 가위로 머리를 자르고 여승이 되어 산으로 가겠습니다."

이원수는 그 말에 깜짝 놀라 마음을 굳게 다지고는 서울로 가서 열심히 공부하여 뜻을 이루었습니다. 사임당은 가위의 상징성을 이용해 자신의 의지를 남편에게 잘 전달한 셈입니다.

가위는 약간의 힘만으로도 물건을 쉽게 자를 수 있는 도구입니다. 가위는 칼을 효과적으로 활용하기 위한 연구에서 나온 산물이며 지렛대 원리를 이용한 발명품입니다.

가장 오랜 형태의 가위는 청동으로 만든 날 두 개를 용수철로 연결한 C자 형태로, 기원전 3000년경 사용됐습니다. 고대 로마인은 두 개의 날을 회전축으로 연결시킨 가위를 발명했으며, 양털을 깎을 때 한 손으로 사용할 수 있는 큰 가위를 사용했습니다. 가정용 가위는 16세기 말 유럽 전역에 널리 퍼졌습니다.

우리나라의 경우 신라시대에 창건된 분황사 석탑에서 나온 가위가 가장 오래된 것입니다. 형태는 철판 한 장으로 만든 ∝형입니다. 사용할 때는 양날 부분에 옷감을 물리고 가위등의 위아래를 동시에 눌러 잘랐을 것으로 짐작됩니다. 고려·조선시대의 가위는 X형이 대부분입니다. 조선시대 말기에는 손잡이의 좌우가 다른 가위가 나왔는데, 왼쪽 손잡이에 엄지손가락을 넣고 오른쪽 손잡이에 나머지 네 손가락을 넣게 되어 있었습니다. 흔히 '엿장수 가위'라 불리는 가위가 그러한 모양입니다.

가위는 많은 상징을 가지고 있습니다. 1990년 개봉된 영화 〈가위손〉은 이색 소재로 흥행에 성공했습니다. 영화 속 불운한 주인공은, 가위질에서 그의 능력을 발휘합니다. 가위손은 정원의 나무를 다듬고 여인들의 머리를 손질하여 마을 사람들의 관심을 끌었습니다. 그만큼 가위는 '사물(특히 머리털)을 자름' 과 관계가 깊습니다.

그러나 그보다 강한 상징은 '옷감을 자름' 입니다. 그리스신화에 등장하는 운명의 세 여신(모이라이)은 물레로 실(운명)을 만들고, 그 실을 인간에게 나눠준 뒤, 때가 되면 가위로 그 실을 끊습니다. 사람이 태어나 살다가 죽은 과정이 실과 가위로 표현된 것입니다. 이에 연유하여 가위는 '죽음' 이나 부정적 이미지를 갖게 되었습니다.

중세 유럽에서는 옷감가게 표지로 가위 모양 간판을 내걸었습니다. 가위가 옷감을 오리고 자르는데 유용하게 사용됐기 때문입니다. 우리나라의 경우에도 가위는 옷감을 자르고 오리는데 주로 쓰였습니다.

같은 맥락에서 18세기 들어 인쇄물이 급증했을 때 남의 글을 부분적으로 훔쳐쓰는 사람이 생기자 표절행위를 '가위질' 이라 표현하였습니다. 19세기에 알렉산더 뒤마의 연극이 상연됐을 당시 그의 짜깁기 방식 글쓰기를 비판하는 사람들은 꽃다발 대신 가위를 선물하여 사실상의 표절행위를 비꼬았다고 합니다.

오늘날 '가위질' 이란 말은 영화검열에서도 종종 쓰입니다. 필름을 편집할 때 가위로 자르던 행위에서 나온 표현이며, 이 경우의 가위질은 표절이 아니라 통제·억압을 상징합니다.

한편 가위를 뜻하는 영어 '시저스(Scissors)'는 '자르다' 를 뜻하는 라틴어에 어원을 두고 있으며, 우리말 '가위' 는 '斷(가를 단)' 의 뜻을 가진 옛말 '굴' 에서 나왔습니다. '가는(자르는) 것' 이 곧 가위인 것입니다.

11·12일째

망치 : 대장장이의 둘도 없는 친구

"저놈들을 그냥 둬선 안 되겠어."

15세기 중엽에 태어나 르네상스를 이끌었던 천재 예술가 레오나르도 다빈치는 요리에 취미가 있었습니다. 그는 단지 좋은 맛만을 추구한 게 아니라 부엌의 위생에도 관심이 많았습니다. 하여 당시 부엌에 자주 나타났던 개구리를 없애고자 덫을 만들어 설치했습니다. 그런데 그 덫이 참으로 특이했습니다. 함정에 걸린 개구리를 기절할 때까지 망치로 내리치는 장치였거든요. 그리스신화에서 망치는 '벼락' 혹은 '복수'를 상징하는데, 그에 착안한 것인지도 모를 일입니다.

'망치'는 단단한 물건이나 달군 쇠를 두드리는데 쓰는 연장을 가리킵니다. 석기시대에 조개껍질이나 새알을 부술 때 사용한 단단한 돌멩이가 망치의 효시로 여겨집니다. 하지만 본격적인 망치는 철기시대에 등장했습니다. 인류가 쇠를 다루면서 망치라는 도구를 만든 것이지요.

"어서 빨리 망치로 내리쳐 쇠의 모양을 만들어."

"튀는 불똥이 뜨거워서 힘들어요."

"그래도 참고 어서 내리쳐! 쇠가 굳으면 모양을 바꿀 수 없으니."

뜨거운 불에 달궈져서 유연해진 쇠가 굳기 전에 망치로 쳐서 모양을 내는 일은 매우 중요했습니다. 그러므로 대장장이의 역사가 곧 망치의 역사인 셈입니다.

망치가 있음으로 해서 다양한 도구가 세상에 나왔습니다. 칼, 창, 화살 따위의 무기에서부터 낫, 곡괭이와 같은 농기구에 이르기까지 도구의 행진이 끝없이 이어졌습니다. 사람들은 망치를 전쟁터에선 무기로 썼고, 야외에서 머물 막사를 칠 때는 말뚝을 박기 위해 썼으며, 로마시대엔 죄인을 십자가에서 처형할 때 못을 박는 도구로 이용했고, 14세기 초 유럽에서는 성당기사단원을 탄압할 때 손톱 위를 내리치는 고문 기구로 사용했습니다. 이밖에도 끌을 이용해 나무나 대리석을 다듬거나 목재가구를 못으로 연결할 때 망치를 이용했습니다. 강력한 무기에서 효율성 높은 도구가 된 것입니다.

망치는 부수고 다듬는데 더없이 편리한 도구였습니다. 하여 조각가들은 망치와 끌로 대리석이나 나무를 깎아 멋진 예술품을 만들었습니다. 미켈란젤로는 죽기 여드레 전까지 망치와 끌을 손에서 내려놓지 않고 작업한 것으로 유명합니다.

망치는 일정한 세기로 때리는 효과가 있으므로 그걸 이용한 악기도 많이 만들어졌습니다. 서양의 경우 피아노가 대표적입니다. 건반과 망치 사이에 현을 매어놓고, 건반을 눌렀을 때 현에 매어진 망치가 반동하며 현을 건드려 소리를 내게 하는 구조입니다. 우리나라의 경우에는 더 다양합니다. 접시 모양의 징 열 개를 매달아 놓고 작은 망치로 치는 악기인 '운라'는 맑고 영롱한 음색을 내고, 16개의 종을 두 단으로 된 나무틀에 매달아 놓고 망치로 치는 '편종'은 웅장한 소리를 냅니다. 이 악기들은 망치가 대상물에 남기는 여음(소리가 그친 다음에도 귀에 남아 있는 어렴풋한 울림)을 주목하여 발명됐다는 점에서 색다릅니다.

　망치는 문명이 발달할 수록 더 많이 활용되었는데, 그 단적인 예를 19세기 말엽 영국의 통신판매용 카달로그에서 찾아볼 수 있습니다.

　'시판되는 망치 가운데 납작못을 가장 잘 뽑습니다. 표면에 생채기 하나 내지

않고 아무리 꼼짝 않는 납작못이라도 거뜬히 뽑을 수 있습니다. 인테리어 전문가, 마차 수리공, 벽보 붙이는 사람, 카펫 까는 사람, 장의사, 사진사, 치과의사, 표구사, 담배상이 가장 애용하는 망치! 가정용으로도 그만입니다.'

한편, 망치는 '건설'을 상징합니다. 니콜라이 레닌은 1917년 11월 무장봉기(지배자의 무력에 대항하여 피지배자가 무장을 하고 떼 지어 세차게 일어난 일)로 프롤레타리아 독재 혁명정권을 수립한 다음 망치와 낫이 엇갈린 그림을 상징물로 내세웠습니다. 망치와 낫은 각기 건설노동자와 농민을 상징한다면서 말이죠.

요즘에도 망치는 여러 분야에서 다양하게 쓰입니다. 파괴하든 건설에 도움을 주든 간에 망치는 끊임없이 부수고 다지면서 인류의 삶을 바꿔나가고 있는 것입니다.

13·14 일째

바늘 : 뚫고 지나가며 옷을 만드는 막대기

주몽이 고구려를 세우기 전, 부여국에 있을 때의 일입니다. 부여 금와왕의 일곱 아들이 주몽을 시기하여 죽이자고 건의했으나, 금와는 주몽에게 마구간 돌보는 일을 맡기며 그 뜻을 시험했습니다. 가장 둔하고 여윈 말을 주몽에게 주면서 기르라고 명령한 것입니다. 그전에 유화부인(주몽의 어머니)은 가장 날쌘 말의 혓바닥에 바늘을 꽂아두라고 주몽에게 일렀습니다. 혓바닥에 바늘이 꽂힌 말은 제대로 먹지 못해 몹시 야위었습니다. 그걸 모르는 금와왕은 주몽에게 가장 날쌘 말을 주었습니다. 이때 주몽은 그 여윈 말을 잘 키워서 명마로 만들었고 얼마 후 달아나서 고구려를 세웠습니다.

위 이야기는 고구려 건국 비화이기도 하거니와 바늘이 여성용품이었다는 사실도 일깨워주고 있습니다. 유화부인은 바늘을 단지 옷 꿰매는 도구로만 생각하지 않고 색다르게 활용한 것이고요.

바늘은 기본적으로 찌르고 지나갑니다. 바늘만 지나간다면 아무 의미가 없지만 거기에 실이 매달려 있다면 사정이 달라집니다. 옷감을 여미거나 꿰매는 일이 가능해지고, 조각들을 모아 옷을 만들 수 있는 까닭입니다. 따라서 구멍 뚫린 바늘은 의복의 어머니라고 해도 지나치지 않습니다.

바늘이 물건을 뚫으려면 기본적으로 뾰족하고, 몸체가 모두 지나가려면 같은 굵기를 지녀야 합니다. 인류 최초의 바늘은 구석기시대에 등장했으며 생선뼈에

구멍을 뚫어 사용하거나 동물 몸에서 뽑은 작은 뼈를 갈아 만들었습니다. 때로는 가는 돌을 갈거나 나무를 다듬어 바늘을 만든바 석기시대 조개무지에서 그런 바늘들을 간혹 볼 수 있습니다.

금속을 다루게 되면서는 당연히 금속제 바늘을 만들었습니다. 바늘 크기도 이때부터 더욱 다양해졌고요.

바늘 덕분에 인류는 통가죽을 걸치던 모습에서 나름대로 모양을 낸 옷으로 멋을 부릴 수 있었고, 가죽조각을 여러 모로 활용했습니다. 여성은 서툰 솜씨로나마 동굴에서 바느질을 하며 남성이 사냥감을

구해오기를 기다렸습니다. 바늘이 인류에게 처음으로 남녀(혹은 분업)의 역할을 갈라준 것이니 바늘은 남녀 구분의 출발점인 셈입니다.

바늘은 실을 달고 자수(刺繡)를 낳았습니다. 본래 의복의 솔기(옷의 두 폭을 맞대고 꿰맨 줄)를 아름답게 꾸미거나 천을 보강하고자 했던 일이었는데 점차 장식에 중점을 두게 되면서 예술성을 띠게 된 것입니다.

그리스·로마·이슬람·중국 등과 같이 세계 각지에서 독자적인 자수문화가 발달했고, 유럽 각지에서는 성경 내용을 예술적으로 수놓기까지에 다다랐습니다. 이에 비해 한국에서는 행운을 상징하는 문양이나 생물을 수놓았습니다. 건강하게 오래 살고 재물이 불어나길 바라는 마음을 자수로 표현한 것입니다. 하여 여인이라면 독창적 자수 솜씨를 당연히 닦아야 했고, 중매로 선보기 전에 바느질 솜씨로 능력을 평가받곤 했습니다.

근대 들어서 바늘은 사람의 손을 능가하는 재봉틀로 이어졌습니다. '재봉틀'이란 바느질하는 기계를 일컫는 말입니다. 인도 성자 간디는 인도인들에게 서양 기계를 멀리하고 단순한 도구를 쓰라고 했지만, 재봉틀만은 그 장점을 인정해 "그 동안 나온 발명품 가운데 몇 안 되는 유용한 물건"이라고 칭찬했습니다.

19세기 초 프랑스에서 발명된 재봉틀은, 19세기 중엽 미국의 아이잭 싱거에 의해서 가정용 필수품으로 자리 잡았습니다. 재봉틀 개량에 몰두하고 있던 싱거는 어느 날 밤, 앞쪽에 구멍이 있는 창(槍)을 휘두르는 기사가 나온 묘한 꿈을 꾸고 여기에서 착안하여 처음으로 가정용 재봉틀을 생산했거든요.

"한꺼번에 돈을 내기 부담되면 조금씩 나눠서 내도 됩니다."

싱거는 1856년, 물품대금을 나누어 지불할 수 있게 하여 대량판매에 성공했습니다. 이것은 역사상 최초의 할부판매제도였습니다. 싱거 재봉틀의 명성은 대단했으며, 라이트형제도 싱거 재봉틀로 최초의 비행기 날개를 꿰맸습니다. 재봉틀은 바느질에 걸리는 시간을 크게 단축해주었고, 의복 대량생산의 밑바탕이 되었습니다.

15·16 일째

총기 : 짧은 순간에 엄청난 충격을 주는 무기

1914년 6월 28일 일요일. 오스트리아 황태자 페르디난트가 세르비아 청년 두 명에게 저격당하여 사망했습니다. 오스트리아 정부는 이 사건이 세르비아 정부와 관련이 있다고 판단하여 7월 28일 선전포고하였고 이 일은 제1차 세계대전으로 번졌습니다.

이 사건은 총이 있기에 가능했습니다. 칼·창·화살 따위는 준비동작이 필요하고 휴대할 때도 쉽게 드러나는 까닭에 암살무기로는 부적당합니다. 이에 비해 총은 상대적으로 감추기 쉽고 발사도 편리하므로 암살무기로 적당합니다. 그러하기에 역사를 살펴보면 총으로 역사를 바꾼 일이 숱하게 나타납니다.

'총(銃)'은 본래 도끼 자루를 박는 구멍을 뜻하는 말입니다. 총알을 맞으면 구멍이 뚫리기 때문에 도끼구멍을 뜻하는 글자가 곧 무기를 의미하는 글자가 된 것이지요.

총기의 기원은 원시인들이 침을 넣어 입으로 불어 쏘는 대롱으로 볼 수 있으나, 본격적인 총기는 1040년 중국에서 화약이 발명되고 본격화됐습니다. 당시에는 주로 종이원통 안에서 화약을 폭발시켜 여러 개의 화살을 날리는 화살총이 만들어졌습니다. 따라서 초창기의 총기는 탄알이 아니라 화살을 쏘는 무기였습니다.

"폭약을 넣은 걸 적진에 쏴서 터뜨리면 더 위력적이지 않을까?"

　1281년 원나라에 의해 철제 포탄을 최초로 사용하는 철화포(鐵火包)가 만들어 졌습니다. 이게 아라비아상인을 통해 유럽에 전달되면서 14세기 중반부터 유럽에서도 대포가 만들어졌습니다. 15세기 중엽에는 대포 원리를 이용하여 휴대할 수 있는 화승총이 스페인에서 나왔습니다.
　"총 한방이면 솜씨 뛰어난 칼잡이도 끝이야."
　총으로 인해 칼이나 창을 잘 다루는 기사와 무사들이 설자리를 잃었습니다. 이에 따라 유럽 기사들은 살기 위해 평민이 하는 일을 해야만 했고, 일본 사무라이들 역시 밭을 일구고 벌레 상자나 공예품을 손수 만들며 밥벌이를 해야하는 신세가 됐습니다.

　시간이 흐를수록 총기의 성능은 더 좋아졌습니다. 19세기 중엽, 사무엘 콜트는 연속으로 쏠 수 있는 6연발 권총 리볼버를 발명했으며 이로써 권총 시대가 열렸습니다. 텍사스 기병대는 코만치 인디언과 싸울 때 말에 탄 채 콜트 권총을 연속해서 쏘아 승리하였고, 이 사건을 계기로 자동 장전식 화기는 총의 대세가 되었습니다.

대포는 총기 중에서도 으뜸 총기로서 전투에서 대단한 위력을 발휘했습니다. 대포는 먼 거리에서도 목표를 맞히고 심각한 타격을 주었으니까요. 그에 따라 성을 공략하기 위해, 많은 병사들이 쏟아지는 화살을 뚫고 성벽으로 올라가지 않아도 됐습니다. 크고 무거운 포탄을 쏘아 성벽을 부수거나 도시를 파괴한 다음, 큰 희생 없이 나머지 적군을 물리칠 수 있었으니까요. 초창기 대포는 공포의 무기로 통했습니다.

"배에다 대포를 실으면 가는 곳마다 상대를 위협할 수 있겠네."

대포는 육지의 전투 승패만을 좌우한 게 아니었습니다. 선박에 대포를 장착한 군함을 탄생시켰고, 유럽의 스페인·포르투갈·네덜란드·영국은 군함을 이용해 바다 건너 다른 대륙을 정복하기 시작했습니다. 아시아·아프리카·아메리카·오세아니아 대륙의 토착민들은 유럽 군함의 대포에 놀라 이내 항복했습니다. 유럽이 작은 군대로 큰 땅덩어리를 차지한건 전적으로 군함 덕분입니다.

20세기 들어 총과 대포는 더 개량되었고 전쟁에 큰 영향을 끼쳤습니다. 기관총이 발명된 뒤에는 몸을 숨긴 채 총을 쏘는 참호전이 벌어졌고, 지루한 참호전은 탱크나 비행기를 이용한 폭격의 필요성을 일깨워주었습니다. 총은 칼을 제압했지만 더 강력한 무기를 부른 것입니다. 또한 대포는 미사일로 발전하여 더 먼 나라까지 위협하기에 이르렀습니다. 대포 경쟁은 결국, 핵폭탄을 낳았고, 인류는 핵전쟁을 염려하는 처지에 놓였습니다. 힘으로만 모든 걸 해결하려는 태도가 왜 위험한지, 총기가 몸으로 말해주고 있습니다.

17·18 일째

타자기 : 필기의 기계 시대를 연 선두주자

"영국에서 인간을 대신하여 글을 써주는 타자기가 발명됐다고?"

1867년의 어느 날, 미국인 크리스토퍼 숄스는 〈사이언티픽 아메리칸〉 잡지를 읽고는 무릎을 탁 쳤습니다.

"펜에 잉크를 찍어 글씨를 써야 하는 번거로움을 크게 덜어주는 고마운 기계네."

그렇지만 기사를 자세히 읽어보니 아쉬운 발명품이라는 걸 알게 됐습니다. 타자기는 다루기 어려울 뿐 아니라 손으로 글씨를 쓰는 것보다 속도가 느렸으니까요. 숄스는 1714년 런던의 헨리 밀이 글씨 쓰는 기계를 처음 특허 냈다는 사실을 알았지만 그것은 기록만 남아있을 뿐 실제 물건은 볼 수 없었습니다.

"내가 한번 제대로 된 걸 만들어보자!"

1867년이 가기 전에 숄스는 실용적인 타자기를 발명하는데 성공했습니다. 이듬해에는 손으로 글씨를 쓰는 것보다 훨씬 빠른 2호 타자기를 만들고는 특허를 받았습니다. 기계 이름은 타이프라이터(typewriter)인데, 타입(type)은 '활자', 라이터(writer)는 '글 쓰는 이'라는 뜻입니다. 이 타자기를 이용하면 문서를 작성하거나 글을 쓰는 시간이 확실히 빨랐습니다.

"그 기계의 권리를 내게 파시오."

1873년 총기 제조로 유명한 레밍턴이 타자기 특허권을 사들여서 1874년부터 판매하기 시작했습니다. 문자를 쓰는 기계가 비로소 상품으로 선보인 것입니다. 이 타자기는 '레밍턴'이란 이름으로 불렸으며 지금까지도 타자기의 대명사로 통하고 있습니다.

타자기의 자판 순서 역시 숄스가 정했습니다. 숄스는 처음에 알파벳순으로 자판을 배열했으나 타자기를 빨리 치자 글쇠들이 엉클어진다는 걸 깨달았습니다. 이에 알파벳 순서를 바꿔가며 계속 실험한 끝에 현재의 자판 배열(QWERTY)을 확정했습니다.

타자기의 원리는 간단합니다. 자판을 눌러주면 자판 끝에 붙어있는 활자가 잉크를 먹인 리본을 쳐서 글이 써집니다. 그러나 타자기가 세상에 널리 퍼지기까지 꽤 오랜 시간이 걸렸습니다.

"신기하기는 한데 굳이 살 필요성은 못 느끼겠어."

레밍턴 타자기는 1876년 미국 필라델피아 박람회에 출품되었으나 판매는 시원찮았습니다. 그 뒤 레밍턴 타자기 회사 영업사원들이 고객을 일일이 상대하며 타자기의 우수성을 강조했지만 별 효과를 거두지 못했습니다. 1880년까지 타자기 글씨는 오직 선전광고에서만 사용됐습니다. 심지어 타자기로 편지를 써서 상대에게 보내면 천박한 사람처럼 여겨지기까지 했습니다.

"손으로 글을 써야 품위 있지. 이게 뭐니? 이게!"

그러다 1880년대 들어, 도시 산업화가 빠르게 진행되면서부터 사정이 달라졌습니다. 도시에 회사빌딩이 들어서면서 문서 작성에 큰 도움이 되는 타자기에 주목한 것입니다. 사장이 뭔가 말하면 비서가 그걸 타자기로 쳐서 바로 문서로 뽑을 수 있었으니까요. 그러자 회사에서는 타자를 칠 비서를 채용했고, 여성이 직장생활을 하기 시작했습니다. 이때 타자를 치는 직업여성을 '타이피스트'라고 불렀습니다. 타자기가 '남성 중심'의 업무형태를 '여성 동참'으로 변화시킨 것입니다.

한편, 타자기는 글자를 쓰고 문장을 짓는 데도 깊은 영향을 끼쳤습니다. 〈허클베리 핀의 모험〉의 작가 마크 트웨인은 초창기 타자기를 샀을 때 형에게 이렇게 찍어 보냈습니다.

"타자기는 손으로 쓰는 것보다 빨리 글자를 찍을 수 있습니다. 의자에 기댄 채 일할 수도 있고, 한 페이지에 대단히 많은 문자를 쓸 수도 있습니다. 또한 잉크를 흘리거나 글자가 지저분해지는 일을 걱정할 필요도 없습니다."

마크 트웨인은 1874년에 〈미시시피에서의 생활〉 원고를 타자기로 찍어 출판사에 보냄으로써 역사상 최초로 '타자기를 이용해 글을 쓴 작가'로 기록되고 있습니다.

19·20 일째

로봇 : 힘든 일을 대신하는 힘센 일꾼

1963년 일본에서 제작된 만화영화 〈철완 아톰〉은 방영 당시 시청률 40%를 넘을 정도로 큰 인기를 끌었습니다. 아톰은 사람 모습을 한 기계로써 인간의 감정을 가지고 있으며 인류를 위해 엄청난 힘을 발휘하는 정의의 용사였습니다. 아톰은 그 뒤 모든 로봇만화의 원조가 됐습니다.

사실 로봇은 그 이전에 이미 발명되었습니다. 예컨대 1927년 미국 웨스팅하우스사가 기계와 전기기술을 활용해 전화 응답이 가능한 텔레복스를 선보였고, 그 이전에도 태엽을 감으면 움직이면서 말하는 자동인형이 인형가게에서 팔린 바 있습니다. '로봇'의 사전적 의미가 사람 지시에 따라 자동적으로 움직이는 기계임을 감안하면 초보적이긴 하지만 분명히 로봇이 존재했던 셈입니다. 그렇지만 이전의 로봇은 그다지 높은 인기를 얻지 못했습니다. 반면에 만화영화에 등장하는, 사람을 닮은 로봇은 어린이를 비롯해 어른들에게도 인기가 많았습니다. 왜 그럴까요?

Karel Capek

'로봇(robot)'이란 말은 '노예'에 어원을 두고 있습니다. 체코의 극작가 카렐 차페크는 1920년대 초에 〈로숨의 만능 로봇〉이라는 희곡을 썼는데, 산업용 로봇들이 영리해져서 세계를 장악하게 된다는 내용입니다. 이 희곡은 모든 정신노동과 육체노동을 기계 노동자(로봇)에 의존하는 사회를 묘사했으며, 차페크는 '노예·강제노동'을 의미하는 체코어 '로보타(robota)'에서 '로봇'이라는 단어를 만들어냈다고 합니다.

 사람들 관념 속에 있는 로봇은 사람처럼 생긴 기계입니다. 여기에는 이유가 있습니다. 오래전부터 인류는 사람을 닮은 생명체나 사람 흉내를 내는 동물에 관심이 많았습니다. 다시 말해 사람처럼 움직이는 물체에 본능적으로 호기심을 느낀 것입니다. 또 인간은 기계문명을 이룩하면서 인조인간을 만들어 일을 시키거나 자기 생명을 연장시킬 수 있겠다는 욕심을 가졌습니다. 요컨대 사람들은 인조인간에 대한 희망 때문에 사람을 닮은 로봇을 좋아하는 것입니다.

 "어, 기계가 사람처럼 일하네."
 움직이는 실제 로봇은 20세기 중엽 세상에 처음 나타났습니다. 1961년 미국의 제너럴모터스사에서 공작물을 옮겨주는 산업용으로 만든 로봇이 그 주인공입니다. 이후 단순 작업을 반복하는 수많은 산업용 로봇이 나왔으며, 이들은 대부분 인간의 팔 모양을 흉내 내어 일합니다.
 인체 모습과 유사한 로봇은 사물을 감지하는 센서 기술과 판단을 가능하도록 해준 마이크로프로세서 기술이 발달함에 따라 1970년대 들어 발명됐습니다. 일본은 1973년, 2족 보행 인간형 로봇인 WABOT-1을 선보이며 인간형 로봇 시대를 이끌었습니다. 우리나라는 2004년 '휴보'를 만들어서 단시간에 일본에 필적하는 기술을 보여주었으며, 이제 인간형 로봇은 동작을 자연스럽게 할 정도로 발전하기에 이르렀습니다.

인체 모양에 집착해서 그렇지, 로봇의 동작을 부분적으로 따져보면 많은 분야에서 인간 이상의 능력을 발휘합니다. 공장에서 물품을 만들고, 전쟁터에서 위험지역을 수색하고, 병원에서 수술을 대행하고, 집에서 청소를 대신 해주고 있으니까요.

"식사를 준비해라!"

"네, 주인님."

인간은 불평 없이 모든 일을 처리해주는 하인 같은 인간형 로봇을 여전히 꿈꾸고 있습니다. 그런 날은 멀지 않았습니다. 조금만 기다리면 손가락만 까닥하여도 로봇을 마음껏 부릴 수 있는 날이 올 것입니다.

그런데 기계는 만능이 아닙니다. 전선이 하나 끊어지거나 소프트웨어의 언어만 하나 틀려도 엉뚱하게 움직입니다. 다행히 특정 장소에 고정된 로봇은 사람이 다스릴 수 있지만 독자적으로 돌아다니는 로봇은 도구가 아니라 자칫하면 위험한 흉기로 바뀔 수 있습니다. 더구나 육체를 사용하지 않으면 미래의 인간은 저항력이 약한 존재가 될지도 모릅니다. 그러므로 도구라 하더라도 사람 통제를 벗어나면 더 이상 도구가 아닐 수도 있음을 항상 새겨둘 일입니다.

CANADA
UNITED STATES
VENEZUELA
COLOMBIA
PERU
BRAZIL
CHILE

제2장 재료

21·22 일째 금 : 태양처럼 빛나는 화려한 물질 23·24 일째 은 : 독성에 민감하게 반응하는 청결 지킴이 25·26 일째 구리 : 조각상에서 농기구를 거쳐 탄생한 전기제품 27·28 일째 유리 : 속이 보이는 신기한 물질 29·30 일째 고무 : 통통 튀는 방수물질 31·32 일째 강철 : 차가운 물로 뜨거운 쇠를 다스린 마술 33·34 일째 석탄 : 오래된 식물이 검게 변한 암석 35·36 일째 석유 : 검은 황금으로 바뀐 동물 무덤 37·38 일째 플라스틱 : 어떤 모양이든 만들 수 있는 만능 재료 39·40 일째 합성섬유 : 부드럽고 가벼운 인공 옷감

21·22일째

금 : 태양처럼 빛나는 화려한 물질

"주피터 동상과 똑같은 구레나룻(귀밑에서 턱까지 잇따라 난 수염)을 황금으로 만들어라!"

로마 제3대 황제 칼리굴라는 즉위 초기엔 정치를 잘해서 모든 사람들로부터 존경을 받았습니다. 하지만 점차 자신이 신이라는 망상에 사로잡히면서 사치를 일삼았고 잔인한 면모를 드러냈습니다. 이때부터 그는 갖가지 이상한 행동으로 화제를 낳았는데 황금 구레나룻이 그 대표적인 예입니다. 그는 대중 앞에 나설 때면 반드시 금실로 만든 황금 턱수염을 붙이고 다녔습니다. 자신을 최고의 신과 같은 존재로 보이게 하기 위해서였지요. 칼리굴라는, 그런 그의 행실을 보다 못한 근위 장교에게 암살당했으며 미친 독재자라는 악명을 세상에 남겼습니다.

예부터 황금은 통치자만 누릴 수 있는 화려한 물질이었습니다. 고대 이집트의 클레오파트라 여왕은 황금술잔으로 로마 장군들을 유혹했고, 여러 나라의 왕들은 왕관을 금으로 장식하곤 했습니다. 왜 그럴까요?

"화려한 걸 머리에 얹어 놓으면 보통사람들과 다르게 보일거야."

고대 국가의 왕들은 신성함을 과시하고자 모자에 관심을 가졌습니다. 처음에는 동물의 뿔이나 나무를 머리띠에 꽂았으나 이내 금·은·보석으로 장식한 금관을 머리에 썼습니다. 페르시아에서는 머리띠를 크게 두른 '윤관(輪冠)', 그리스·로마에서는 머리띠에 꽃이나 나뭇가지를 장식한 '화관(花冠)'을 머리에 장

식했으며, 중국에서는 비단으로 모자를 만든 다음 금·은으로 장식한 모자를 썼습니다.

이에 비해 신라에서는 윤관과 화관을 합친 모양의 금관을 만들었습니다. 신라 금관은 여러 면에서 독특합니다. 우선 좌우가 서로 마주보며 대칭을 이루는 구조입니다. 또한 금관의 나뭇가지 모양새는 한자(漢字)로 出(출)자 형식인데, 出 모양은 나무와 사슴뿔에 대한 존경심을 나타낸 것이자 국왕의 권위를 상징합니다.

사람들은 왜 황금을 좋아할까요? 그 이유는 사람들이 본능적으로 노란색에 호감을 가지기 때문입니다. 인류는 금속 개발에 관심이 높았던 청동기 시대부터 번쩍번쩍 빛이 나는 금에 가장 큰 관심을 보였습니다. 금은 땅의 바위 또는 모래밭에 있었으므로 다른 금속보다 먼저 사람 눈에 띄었거든요. 그러하기에 영어

'골드(gold)'는 '빛나다'라는 뜻의 고대 영어에서 유래됐습니다.

점차 여러 금속이 발견되었지만 언제나 금은 다른 어떤 금속보다 큰 인기를 누렸습니다. 왜냐하면 금빛이 눈에 잘 띄는 색깔인 동시에 원시인들이 우러러 받드는 태양의 색이었으니까요. '금=황금'이라 생각하는 이유도 거기에 있습니다. 그래서 권력이나 재력 있는 자들은 금을 독차지했고 각종 의복과 장신구는 물론 식기·수저 등의 식생활용구까지 금으로 만들어 가졌습니다. 백성들은 그저 부러워만 할 뿐이었습니다.

그런데 인류 7천년 역사 동안에 채굴된 금은 불과 92,000톤뿐입니다. 그 희소가치가 사람들로 하여금 금 때문에 싸우게 하고, 황금이 있는 곳이라면 어디든 달려가게 만들었습니다. 유럽인들은 황금을 뺏기 위해 아메리카를 정복했고, 19세기 미국인들은 부자가 되고자 황금이 있다는 서쪽으로 몰려들었습니다.

"황금을 만들 수는 없을까?"

급기야 그런 생각을 한 사람들이 나타났고 실천에 옮긴 사람도 있었습니다. 바로 연금술사입니다. '연금술'은 납·구리 같은 비금속을 황금으로 바꾸려는 화학기술을 뜻하는 말이며, 그런 시도는 고대 그리스 때부터 있었습니다. 그렇지만 연금술은 아랍에서 더 활발히 연구되었고, 그 과정에서 과학이 발달했습니다. 물론 달걀·두꺼비·동전·오줌·채소 따위를 도가니에 넣어 끓이며 황금으로 변하기를 바라는 황당한 실험도 많았으나 결과적으로 각종 금속이 결합했을 때 어떤 반응을 일으키는지 알게 된 것입니다. 황금에 대한 욕망이 과학을 발전시킨 셈입니다.

23·24일째

은 : 독성에 민감하게 반응하는 청결 지킴이

"이거 얼마요?"

"은화 다섯 개입니다."

"어유, 너무 비싸요. 깎아주세요."

"그건 곤란합니다. 찾는 사람이 많거든요."

기원전 여러 나라에서는 물품 거래 때 은화를 썼습니다. 기원전 7세기 리디아 왕국은 금·은 합금 화폐를 만들었고, 고대 그리스 도시에서는 은화로 물건을 사고팔았으며, 지중해 연안 국가들도 은화를 만들어 썼습니다. 왜 금화가 아닌 은화를 사용했을까요?

청백색 광택을 지닌 은은 황금에 비해 그 이용이 늦은 편이지만, 금과 더불어 귀히 여겨져 왔습니다. 고대 이집트와 메소포타미아 왕족들이 신전을 건립할 때 금에 은도금을 했는데, 이로 미루어 당시에 은이 금보다 귀했음을 알 수 있습니다. 왜 그랬을까요?

지구에 있는 양으로 볼 때 은은 금보다 적습니다. 또 금에 비해 은을 걸러내는 방법이 까다롭습니다. 다시 말해 자연에서 구할 수 있는 양이 적은데다, 만드는 방법이 어려워서 그 희소가치로 인해 귀하게 여겨진 것입니다. 이런 사정이 은을 화폐의 소재로 삼게 만들었던 것이고요.

　십자군 원정 이후 유럽은 인도·중국 등지에서 향료·비단 따위를 수입하면서 그 대가로 은(은화)을 지불했습니다. 중국의 경우 명나라 때 은으로 물건의 값을 평가했습니다. 그러므로 은화는 15세기의 국제적 통화(通貨)나 다름없었습니다.

　은으로 인해 급기야 잔혹한 약탈도 벌어졌습니다. 유럽인은 부족한 은을 구하고자 다른 곳으로 눈을 돌렸는데, 때마침 발견한 아메리카대륙에서 원주민을 죽이며 금과 은을 마구 빼앗았습니다. 원주민은 은 광산에서 강제노동에 시달려야 했고, 콜럼버스는 "가난한 스페인이 세계에서 가장 부유한 나라가 되었다"고 말하며 자기의 공로를 자랑했습니다.

은은 다른 용도로도 주목을 받았습니다. 왕실에서는 독성에 빠른 반응을 나타내는 은의 성질을 이용해, 은으로 만든 그릇에 음식물을 담아 독극물이 담겨 있는지 그렇지 않은지를 가늠하였습니다. 또한 은의 살균효과도 주목을 받기에 충분했습니다. 옛날 상류층 사람들은 그 덕을 단단히 보았습니다. 기원전 327년 알렉산더 대왕은 파죽지세로 동방을 정복해나가다가 어느 날 귀환 명령을 내려야 했습니다. 병사들이 집단으로 위장병에 걸려 고생했기 때문입니다. 이때 지휘관들은 멀쩡했습니다. 지휘관은 은그릇을 사용한 데 비해 병사들은 주석그릇을 장기간 사용했기에 병에 걸렸던 것입니다.

"우리는 은그릇을 쓰니까 괜찮아."

중세에 흑사병이 돌았을 때도 은그릇을 사용한 귀족들은 무사히 고비를 넘겼습니다. 은에서 흑사병균을 죽일 정도의 음이온이 발생하여 전염병을 막아줬기 때문입니다.

고대 그리스·로마시대부터 은세공이 본격적으로 발달했고, 유럽인은 은그릇을 귀히 여기면서 무척이나 좋아했습니다. 특히 프랑스는 뛰어난 공예기술로 은주전자·은쟁반 등을 많이 생산했습니다. 우리나라에서도 왕족의 수저는 은으로 만들었습니다. 음식물이 상했거나 몸이 피곤할 때 은수저 색깔이 변한다는데 착안한 관습이었습니다.

"드라큘라는 은으로 만든 송곳으로만 죽일 수 있대."

은의 살균효과가 워낙 인상적이어서인지, 은과 관련된 신앙도 생겼습니다. 은을 지니면 잡귀로부터 몸을 지킬 수 있고, 흡혈귀를 물리칠 수 있다는 미신이 그것입니다. 드라큘라 이야기에서 십자가와 더불어 은송곳·은총알이 등장하는 이유가 여기에 있습니다.

그런 관념은 우리나라도 마찬가지여서 상투의 동곳(머리가 풀어지지 않게 꽂는 물건)이나 여성의 비녀를 은으로 만들곤 했습니다. 또 은가락지·은팔찌를 손이나 팔에 끼고 광택이 나빠지면 몸이 피로하다고 판단하여, 그런 날엔 일을 하지 않고 쉬었습니다. 심지어 은을 가루로 만들어 한약재로 썼으니 요즘 시중에서 쉽게 살 수 있는 '은단'은 그 응용품이라 할 수 있습니다.

25・26 일째

구리 : 조각상에서 농기구를 거쳐 탄생한 전기제품

"신들은 어떻게 생겼을까?"
"사나운 독수리처럼 생기지 않았을까?"
"사자처럼 생겼을 걸."
"아니야. 그럴 리 없어. 사람과 세상을 창조하려면 손이 있어야 하잖아."
"신들은 자기들을 닮은 모습으로 사람을 만들었대."
"그렇다면 사람은 신의 모습을 하고 있는 거네!"

고대 그리스인은 '인간의 가치'에 처음으로 눈뜬 사람들이었습니다. 그 이전 고대국가에서의 인간은 신에게 무릎 꿇은 하찮은 존재였으나, 그리스인들은 인간을 독립된 존재로 생각했던 것입니다. 또한 그들은 신의 모습을 사람처럼 상상했습니다.

파르테논신전・아테나신전 등에 모셔진 그리스신과 아름다운 사람의 육체를 가진 조각상은 이렇게 해서 태어났습니다. 그리스인들은 인체의 아름다움을 예술적으로 표현한 동상을 다투어 구입했고, 따라서 많은 동상이 제작됐습니다.

"지난번에 주문한 동상은 언제 완성됩니까?"

그리스인들이 좋아한 건 대리석으로 만든 조각상이었습니다. 하지만 수요가 넘치자 청동으로 만든 동상이 빠르게 유행했습니다. 대리석은 하나하나 깎고 다듬어야 하지만, 청동상은 틀을 하나 만든 다음 그 틀에 녹인 청동을 부어 대량생산할 수 있었거든요. 이 과정에서 속임수를 쓴 제작자도 있었습니다. 청동조차 귀해지자 조각상 속엔 주석과 납을 붓고, 겉에만 청동을 살짝 입혀 이른바 '짝퉁 청동조각상'을 생산한 것입니다. 때문에 오늘날 남아있는 그리스시대 청동상 유물 중에는 이런 모조품이 적지 않습니다.

청동의 주요 재료는 구리입니다. 구리는 자연에 널리 분포되어 있어서 일찍 인류 눈에 띄었고, 가공하기도 쉬워 연장(도구)의 재료로 쓰였습니다. 구리로 만든 연장은 돌만큼 단단하지는 않았으나 수명이 길었고, 날이 무뎌지면 갈아서 계속 쓸 수 있는 장점이 있었거든요.

"구리는 두들겨서 어떤 모양으로든 바꾸기 편해서 좋아."
"구리에 다른 금속을 섞으면 어떨까?"

인류는 두 가지 금속을 합쳐 최초의 인공금속을 만들어냈으니 그게 바로 청동입니다. 구리에 주석을 10% 정도 섞어서 비교적 단단한 청동을 발명한 것이지요. 이렇게 만든 청동은 순수한 구리제품보다 훨씬 강도가 단단하기에 농기구는 물론 무기 재료로까지 그 쓰임새가 넓어졌습니다. 청동무기는 공교롭게도 훗날 청동유물을 없애는 결과를 낳았습니다. 고대 그리스 청동상과 여러 나라의 청동종을 비롯한 청동제품이 전쟁이 일어날 때마다 강제로 징발되어 녹여져서 무기로 재활용됐거든요.

청동 농기구는 농사에 큰 도움을 주었고, 청동제품의 국제 무역이 활발해졌습니다. 청동을 뜻하는 영어 '브론즈(bronze)'가 청동제품으로 유명했던 이탈리아 항구도시 브린디시(Brindisi)에 어원을 둔데서 짐작할 수 있듯 청동제품은 지중해에서 주요한 무역품이었습니다.

청동은 신성한 종교용품 제작에도 쓰였고, 상류층 여인을 위한 청동거울로도 만들어졌습니다. 고대에는 여인의 호감을 이끄는 선물로 청동거울이 최고였습니다. 그 밖에도 구리는 다양하게 활용됐습니다. 교회·사찰의 종을 만드는 주요 재료로 쓰였고, 튼튼하고 강력한 대포를 만드는데도 쓰였습니다. 19세기 말엽에는 전기 이용과 더불어 그 재료로서 수요가 급격히 늘었는데, 어떤 금속보다도 전기전도성이 뛰어나 전기공학분야에서 가장 중요한 금속으로 여겨지고 있습니다. 더욱이 전기 충돌을 일으키지 않으므로, 폭발성 물질을 다루는 기구에 자주 사용됩니다.

27·28일째

유리 : 속이 보이는 신기한 물질

"딱딱한데도 어떻게 속이 보이지?"

"그러게 말이야. 두들겨 보면 분명히 가로막혀 있는데……."

요즘 유리는 흔한 물건이지만 옛날에는 그렇지 않았습니다. 고체이면서도 물처럼 투명하게 보이는 신기한 성질 때문이었습니다. 제조 비법을 알고 있는 사람도 많지 않았고요.

"이건 아주 특별하고도 신기한 보물이야."

고대 왕실에서는 특별한 날에 유리술잔에 술을 따라 마시며 한껏 기분을 냈고, 귀족여인들은 유리구슬 목걸이로 멋을 부렸습니다. 우리나라의 경우도 낙랑시대 고분에서 유리구슬이 출토될 정도로 유리는 고대세계 지배층만이 가질 수 있는 귀한 보석으로 통했습니다. 속담 '구슬이 서 말이라도 꿰어야 보배'에서 '구슬'은 유리구슬을 의미하며, 구슬이 어찌 여겨졌는지 일러주기도 합니다.

유리가 빛을 통과시킬 수 있는 이유는 무엇일까요? 그 비밀은 유리가 액체도 고체도 아닌 중간 상태의 물질이라는데 있습니다. 분자 구조가 물처럼 느슨하게 결합되어 있기에 빛을 통과시키는 것입니다.

유리 제조 흔적은 기원전 3000년경 유적에 이미 나타나며, 기원전 1천8백년 경 메소포타미아에 유리 제조에 관한 비밀 기록이 남아있습니다. 서양의 경우 기원전 1세기 로마시대 때 플리니우스의 박물지에 가장 오래된 유리 제조 기록이 있습니다.

초기의 유리 제품은 틀을 사용해 모양을 만들었습니다. 그러다 기원전 3세기경 어느 직공이, 녹은 유리를 휘젓던 파이프에 우연히 공기를 불어넣었다가 유리 방울이 생겨나는 걸 보고 새로운 유리 제조법을 발명했습니다. 이때부터 가열되어 반쯤 고체 상태로 된 유리를 속이 빈 대롱에 매달은 다음 입으로 불어 유리 용기를 만드는 방법이 퍼졌습니다. 일설에는 로마인들이 불어서 만드는 방법을 찾아냈다고도 하는데, 어찌 됐든 작은 발견이 큰 기술로 발전한 셈입니다.

유리 제조는 한동안 침체하다가 중세를 거치면서 다시 유행했습니다. 섬세한 불대(녹은 유리 덩어리를 병이나 컵의 형태로 만들기 위해 입으로 부는 대롱)를 통해 무색투명한 창유리를 만들었고, 갖가지 색을 넣은 모자이크 창문을 교회건물에 장식했습니다. 사실 모자이크 유리창문은 대형 유리판을 만들 수 없던 시절에 고안된 장식물이었습니다.

"원하는 창문 크기만큼 작은 조각유리를 여러 개 이어 붙여야겠네."

그런데 모자이크 창문은 뜻밖에 멋진 효과를 냈습니다. 여러 색상의 어울림이 보기에 좋았거든요.

"의외로 알록달록하니 창문이 아름답군."

이 무렵 청동거울보다 훨씬 반사율이 좋은 투명무색 유리거울도 생산됐습니다. 이탈리아 베니스는 16세기까지 독보적 기술로 유리거울 거래를 독점하여 큰돈을 벌었습니다.

그런데 베니스 무라노섬에 감금된 한 직공이 영국으로 탈출한 일을 계기로 유리 기술이 유럽 전역에 전파됐고, 1676년 영국에서 '유리의 꽃'이라 불리는 '크

리스털 유리'를 개발해내어 유리의 가치를 더욱 드높였습니다.

"반짝반짝 빛나는 게 마치 수정처럼 매혹적이야."

크리스털 유리는 녹은 유리에 산화납을 섞어 만든 것입니다. 납 성분 때문에 빛의 굴절률이 높아져 더욱 빛나고 가공성이 뛰어날 뿐 아니라 두드리면 금속성까지 나는 특징을 갖고 있습니다. 이것은 수정(水晶 crystal)과 유사하기 때문에 '크리스털로(cristallo)'라고 불렸습니다. 크리스털 유리는 빛의 반사 성질을 연구함에 따라 얻은 과학적 성과였답니다.

유리는 그 외에도 안경, 망원경, 현미경 등등 유용한 발명품에 큰 도움을 주었습니다. 근대에는 '쇼윈도(건물 밖에서 유리창 안쪽 상품을 구경할 수 있도록 설치한 유리창)'라는 새로운 구조를 선보이며 다시 한 번 세상을 놀라게 했습니다. 현재는 실처럼 가는 유리섬유로까지 활용되고 있습니다.

29·30 일째

고무 : 통통 튀는 방수물질

'고무'는 특유한 탄성을 가진 고분자 화합물을 가리키는 말입니다. 영어로는 '검(gum)' 또는 '러버(rubber)'라고 말하지만, 일본인들이 '고무'라고 잘못 발음한 걸 그대로 받아들인 말이지요.

"어, 통통 튀는 저건 뭘까?"

고무의 역사는 그다지 길지 않습니다. 콜럼버스가 아메리카대륙 바다를 두 번째 항해할 때 아이티 섬에서 원주민들이 거무튀튀한 공을 가지고 경기하는 걸 본 게 최초의 공식 기록입니다. 콜럼버스는 가벼우면서도 잘 튀는 공의 원료를 궁금해했습니다.

"무엇으로 만들었기에 가볍게 잘 튈까?"

"알아보니 덥고 습기 많은 지역에서 자라는 어떤 나무의 밑동을 긁어 내어 받은 우유빛 액체였습니다."

"그럼, 나무에서 얻은 수액?"

"그렇습니다. 그걸 모아 둥근 공을 만든 것입니다."

"수액이라면 투명하거나 약간 노란색일 텐데, 왜 공 색깔이 거무튀튀하지?"

"수액은 노란색 작은 덩어리이지만 그걸로 공을 만들어 차다 보니 검어진 것이지요."

이렇게 해서 고무가 유럽인에게 알려졌습니다. 고무나무가 내뿜는 수액(혹은

수지)은, 나무껍질이 상처를 입거나 세균·곤충 등이 침범했을 때 스스로를 보존하기 위한 생리작용입니다.

원주민들은 '카우추'라고 부르는 그 원료를 사용하여 원시적인 방법으로 외과수술을 하거나 먹는 약으로 썼고, 신성한 주술 의식에서도 사용했습니다. 어떤 때는 옷에 고무액을 아주 얇게 발랐습니다.

"이렇게 하면 옷에 물이 스며들지 않는다네."

훗날 '라텍스(latex)'라 불리게 된 이 생고무는 즉시 유럽에 전해졌습니다. 그러나 예상과 달리 사람들로부터 별다른 주목을 받지 못했습니다. 천연고무는 온도가 낮으면 딱딱해지면서 부서졌고, 온도가 높으면 녹으면서 끈적끈적해져 사용할 데가 마땅치 않았던 까닭입니다.

"이걸로 연필자국을 지울 수 있습니다!"

고무의 실용적 쓰임새는 영국 화학자 프리스틀리가 처음 찾아냈습니다. 그는 1770년 연필자국을 지우는 고무의 기능을 발견하고, '문질러 없애다(rub out)'라는 의미에서 '러버(rubber)'라고 이름 붙였습니다. 이와 더불어 고무에 대한 관심이 커졌습니다.

"옷에 물을 뿌려도 옷이 젖지 않아. 정말 신기하네."

1823년 영국인 매킨토시는 당시 쓸모없게 여겨지던 석탄유에 라텍스를 담갔다가 그게 녹아 증발하면서 얇은 고무막이 형성된다는 걸 발견했습니다. 그는 그것을 천에 발라 방수옷감을 만들어 팔아 큰돈을 벌었습니다. 이에 연유하여 고무를 붙인 방수천이나 그렇게 만든 외투를 '매킨토시'라고 부르게 됐습니다.

"고무에 황을 섞어서 뜨겁게 처리했더니 탄성이 좋아졌습니다."

1840년대 초, 찰스 굿이어는 고무에 황을 섞는 방법을 찾아냈습니다. 이로써 여름에는 너무 부드러워지는 반면 겨울에는 딱딱하거나 잘 부스러지는 고무의 단점이 개선되어 상업적 이용이 활발해졌습니다.

"어라, 고무가 푹신푹신해졌네!"

굿이어는 우연히 스펀지도 개발했습니다. 어느 날 아내가 밀가루 반죽에 베이킹파우더를 넣어 빵을 부풀리는 걸 보고, 호기심 삼아 고무 반죽에 베이킹파우더의 원료인 탄산나트륨을 섞어보았는데 그것이 스펀지로 재탄생했던 것입니다.

1870년 미국인 굿리치는 친한 친구의 집에 불이 났을 때 가죽 소방 호스가 터져 제 기능을 못하여 몽땅 불에 타는 걸 목격하고는 고무호스 생산에 나섰습니다. 그 제품은 폭발적으로 팔렸고 그에 힘입어 고무의 사용처는 혁대·끈·신발 등에 걸쳐 여러 품목으로 늘어났습니다. 또한 1912년 굿리치가 내구성을 10배 이상 향상시킨 카본 블랙을 발명하면서 자동차 타이어는 모두 검정색이 되기에 이르렀습니다.

31·32일째

강철 : 차가운 물로 뜨거운 쇠를 다스린 마술

"그의 다리는 무쇠야."
"완전히 무쇠 팔뚝이네."
　일반적으로 '무쇠'라는 표현은 단단하거나 튼튼한 걸 나타낼 때 쓰곤 합니다. 그런데 무쇠의 본뜻은 그게 아닙니다. '무쇠'는 '무른 쇠'에서 나온 말로 '물쇠'를 거쳐 '무쇠'가 되었거든요. '물렁물렁한 쇠'라는 뜻이지요. 이게 어찌된 일일까요?

그렇다고 무쇠를 '약한 쇠'라고 단정할 수는 없습니다. 잘 휠지언정 그 유연성 덕분에 잘 부러지지 않으니까요. 무쇠는 1.7% 이상의 탄소를 포함한 철합금으로, 순수한 철보다 녹는 온도가 400℃정도 낮습니다. 무쇠의 특성을 좀 더 알려면 철의 가공과정을 살펴봐야 합니다.

오래전부터 철을 가공해온 방법은 대략 두 가지로서, '단조'와 '주조'가 그것입니다. 단조는 철을 벌겋게 달군 후 망치로 두드려가며 원하는 모양을 만드는 가공법입니다. 쇠를 녹일 수 있는 온도는 1000~1500℃이지만 쇠를 달구는 온도는 700~800℃로서 비교적 낮습니다.

"빨리 두들겨! 쇠가 식으면 깨지니까."

다시 말해 쇠를 녹이지는 않고 불에 어느 정도만 달군 다음, 대장장이가 뜨거운 쇠를 두들겨가며 형태를 다듬습니다. 옛날에 생활용구로 많이 쓴 호미·낫·삽 따위는 동네 대장간에서 이렇게 만들었습니다.

이에 비해 주조는 철을 녹여 쇳물을 만든 후 원하는 모양의 거푸집에 부어 만드는 가공법입니다. 무쇠를 주철(鑄鐵)이라고도 하는 이유가 여기에 있으며, 솥·화로 따위를 이렇게 만듭니다. 이때 솥의 열효율을 높이기 위해 두껍고 무겁게 만들었고, 이로 인해 일반인들은 무쇠를 튼튼한 쇠로 잘못 인식하면서, '무쇠'를 (정신적·육체적으로) 강하고 굳센 것에 비유했습니다. '무쇠팔, 무쇠다리' 따위처럼 무쇠를 단단한 쇠로 오해하거나 두꺼운 근육을 무쇠에 빗댄 이유가 여기에 있습니다.

인류는 시간이 흐르면서 무쇠보다 단단한 강철을 만들 줄 알게 됐습니다. 강철은 탄소가 0.035~1.7% 함유된 철로, 무쇠와 달리 담금질을 할 수 있었습니다. 강철을 필요한 온도까지 가열하여 찬물에 갑자기 넣어 식히는 것을 담금질이라 하는데, 이렇게 하면 얇으면서도 단단해집니다. 예컨대 담금질한 강철로 칼을 만든 경우, 얇고 예리한 칼날을 세울 수 있었습니다. 또한 무쇠 칼은 날이 금방 무디어진 반면에 강철 칼은 그렇지 않았습니다.

이건 참으로 놀라운 발견이었습니다. 왜냐하면 불에 달군 뜨거운 쇠를, 상극(서로 맞지 않는 사물이나 상태)인 차가운 물에 넣는 발상이니까요.

"생각을 바꿔야 창조적인 방법을 발견해낼 수 있는 거라네!"

그 시대에 대장장이는 대단한 능력가로 여겨졌습니다. 뜨거운 불길을 조절하면서 단단한 쇠를 장난감처럼 다루었으니까요. 특히 가야와 백제는 쇠 다루는 기술이 특히 뛰어나 이웃나라에까지 명성을 떨쳤습니다.

현재 일본에서 국보로 보관하고 있는 '칠지도'가 그 단적인 예로, 무쇠보다 단단한 강철을 백번이나 두들겨 만들었다고 합니다. 백제는 칠지도에 '이를 가지고 나아가면 백병을 물리칠 수 있을 것이므로 의당히 제후 왕들에게 공급하는 것이다. 아직 이러한 칼이 없었노라'라는 글을 새겨 넣어서 일본에게 선물로 주었습니다. 백제의 제철기술이 대단했음을 일러주는 대목입니다.

20세기 초에는 강철보다 더 품질 좋은 스테인리스(stainless steel)가 영국에서 발명됐습니다. '스테인리스'는 니켈·크롬 등을 많이 넣어 물에 녹슬지 않고 약품에도 부식되지 않도록 한 강철을 이르는 말입니다. 스테인리스는 수시로 물로 닦아야 하는 식기류에서부터 수도용 파이프에 이르기까지 녹에 관한 문제를 상당부분 해결해주고 있습니다. 본디의 철은 물과 상극이지만, 인류는 그 철을 물에 넣어 담금질하는가 하면 다른 물질을 첨가해 물에 강한 철제품을 만들어낸 것이지요.

33·34일째

석탄 : 오래된 식물이 검게 변한 암석

"이런 시커먼 흙을 어디다 쓰나? 쓸모없는 흙이야."

"가만, 이것 좀 봐. 나무에 불을 붙였는데 그 옆의 검은 흙이 불타고 있어."

"불에 타는 흙이네!"

"그래. 나무로 태운 불보다 열기가 더 뜨거워."

인류는 대략 3천 년 전 석탄을 발견했으며, 기원전 315년 그리스 과학자 테오프라스토스가 '암석 중에는 불에 타는 것이 있어 금속을 녹일 때 사용할 수 있다'고 처음 기록으로 남겼습니다. 이로 미루어 당시 그리스 대장간에서 석탄을 연료로 사용했음을 알 수 있습니다.

"원한이란 누군가에게 던질 요량으로 달궈진 석탄덩이를 집는 것과 같아 막상 화상을 입는 사람은 자기 자신이니라."

기원전 6세기에 불교를 창시한 석가모니가 남긴 말씀입니다. 인도 역시 기원전 6세기경 이미 석탄을 사용했음을 짐작할 수 있습니다.

중국의 경우 서기 6세기 수나라 기록에서 석탄(石炭)이라는 글자가 처음 보였는데, 석탄이 여러 식물과 암석들의 퇴적작용으로 이루어진 퇴적암임을 감안하면 '돌숯'·'돌재'라는 뜻의 단어는 매우 적절합니다. 송나라 사람들은 석탄을 가정연료로 사용했다고 합니다. 이처럼 석탄은 오래 전부터 일부 국가에서 화로 또는 난방 연료로 쓰였습니다. 석탄은 지질시대의 식물이 물에 묻힌 후 땅의 열과 압력을 받아 생성된 흑갈색 암석입니다. 또는 늪지대에 살던 식물이 죽은 뒤 유기물과 더불어 깊이 묻히고, 유기물 성분 가운데 수소·산소가 빠져나가면서 퇴적물의 탄소 함량이 높아져 암석으로 굳어진 것입니다. 쉽게 말해 나무가 흙과 섞여 오랜 세월 후 숯으로 변한 거라 생각하면 됩니다.

17세기 영국에서는 석탄 건류 방법을 연구했습니다. '건류'란 고체를 가열하여 휘발성분과 휘발하지 않는 성분으로 가르는 일을 말합니다. 석탄을 건류하여 코크스를 만드는 과정에서 새로운 사실을 알았습니다. 석탄에서 나오는 가스가

대단히 잘 타는 성질이 있다는 사실을 발견한 것입니다. 하지만 허공에 돌아다니는 그 가스를 모아 특정한 용도로 쓴다는 생각은 미처 하지 못했습니다. 또한 석탄에서 가스를 빼내고 코크스를 얻은 후에는 타르라는 찐득찐득한 물질이 생겼으나 그 역시 불필요하게 생각했습니다.

"이거 가스가 너무 아깝네. 불에 잘 타니까 활용할 방법이 있을 거 같은데."

1792년 영국의 머독은 큰 솥에서 석탄을 건류하여 얻은 가스로 자기 집안에 가스등을 달았습니다. 그는 가스등으로 와트의 공장도 밝혀주었습니다.

"우와, 대단해. 밤거리가 한결 밝아졌어."

1807년 런던 거리에 가스등이 설치되었고, 가스등은 다른 나라에도 전해졌습니다. 그런데 가스회사가 자꾸 석탄 가스를 만들어내자 그에 비례하여 타르도 늘어나 처치하기 곤란할 지경에 이르렀습니다. 유럽 화학자들이 그 문제 해결에 나섰습니다. 이후 타르에서 벤젠, 톨루엔, 나프탈렌 등을 추출할 수 있게 됐습니다. 이제 타르는 쓸모없는 찌꺼기가 아니라 염료·의약·농약·향료 등의 주요한 원료로 대접받기에 이르렀습니다.

한편으로 석탄은 동력기관 시대를

W. Murdock

열었습니다. 19세기 말엽 석탄은 화륜선과 기차 연료로 쓰이며 전성기를 맞이했습니다.

　석탄은 또한 연탄으로 만들어져 20세기 초부터 1980년대 중반까지 주요 난방 연료로 쓰였습니다. 연탄은 연기가 나지 않는 무연탄을 원통형으로 만들었는데, 공기구멍이 9개 뚫려있는 까닭에 '구공탄'이라 불렸습니다. 현재는 석유에 밀려 쓰임새가 줄었으나 석유자원 고갈에 따라 다시 주목받고 있습니다.

35·36 일째

석유 : 검은 황금으로 바뀐 동물 무덤

"오, 신이시여. 왜 물도 없는 사막에 저희를 살게 하시나이까?"

19세기까지만 하더라도 현실에 불만을 품은 아랍인은 위와 같이 말했습니다. 그러나 20세기 이후 아랍인들은 이렇게 말했습니다.

"오, 신이시여. 귀한 검은 황금을 풍족히 주셔서 정말 감사하나이다."

오늘날 '검은 황금'으로 불리는 석유는 한 나라의 경제적 형편을 단숨에 바꿔 놓는 에너지 자원으로 유명하지만, 그 활용 역사는 그리 길지 않습니다. 오죽하면 물이 귀한 중동지역이 한때 저주받은 땅으로 불렸을까요.

석유는 수억년 전에 살다가 죽은 수생식물과 동물에서 생겨난 자원입니다. 석탄이 식물의 무덤이라면, 석유는 동물의 무덤이라 할 수 있습니다. 동물 몸에서 빠져나온 기름을 비롯한 여러 성분이 오랜 세월 열을 받고 압력에 눌리는 등 지질학적 변성을 거쳐 석유화합물로 만들어졌으니까요.

'석유(石油)'라는 단어를 처음 사용한 사람은 송나라 과학자 심괄(沈括)입니다. 그는 〈몽계필담〉에서 당시 중국 협서성의 석유에 대해 상세하게 설명하면서 다음과 같이 예언했습니다.

"석유는 후세에 없어서는 안 될 중요한 필수품이 될 것이다."

고대세계에서 석유는 극히 일부 지역에서만 제한적으로 썼습니다. 고대 중국에서 마차 바퀴의 윤활제로 쓰고, 중동지역에서 배의 갈라진 틈을 막는데 썼다는 기록이 있으나 한때였습니다. 그보다는 질병 치료에 쓰인 일이 더 많았습니다.

  고대 그리스 의사 히포크라테스는 모든 병에 관하여 외용약으로 역청과 석유를 처방했고, 로마시대 네로황제의 주치의도 같은 처방을 했습니다. 중세 때는 석유를 류머티즘과 소화불량 특효약으로 쓰기까지 했습니다. 훗날, 석유를 분별 증류하고 남은 찌꺼기로 만든 바셀린은 고대인들의 이런 처방을 참조한 석유젤리라 할 수 있습니다.

　사실상 석유는 근대에 이르러서야 동물성 기름을 대신하여 조명용 등불 연료로 중요하게 사용됐습니다. 1854년 미국 화학자 게스너가 석유에서 등유를 처음 추출하면서 램프용 등유가 널리 퍼졌고 이때부터 석유 활용방법이 크게 발전했습니다.

　유정(油井) 개발도 이즈음 이뤄졌습니다. 중국은 명나라 때인 1521년 가미산 아래에서 수백m 깊이로 뚫은 유정이 세계 최초라고 주장하지만, 서양인들은 1859년 펜실베이니아 북서부에 있는 에드윈 L.드레이크 유정을 세계 최초라고 주장하고 있습니다.

　정황상 뒷말이 유력해 보입니다. 중국은 대나무관으로 석유를 빼냈다고 하는

데 비해, 드레이크가 선보인 기술은 현대적 굴착법의 효시이니까요. 드레이크는 드릴이 땅 속을 곧바로 뚫도록 하기 위해 구멍에 철관을 박고 그 속을 드릴이 내려갈 수 있도록 하는 방법을 고안했습니다. 이렇게 하면 지하에서 바위를 만나더라도 그걸 뚫고 석유를 퍼낼 수 있었습니다.

이후 원유를 순화·증류·정제하는 기술이 발전하면서, 석유는 등화용에서 자동차 엔진용으로 성큼 나아갔습니다. 1885년 독일의 다임러와 벤츠에 의해 발명된 내연기관이 자동차공업의 기초가 되면서 동시에 도로교통에 소비되는 석유시대를 활짝 열었습니다. 이제 석유는 가장 중요한 에너지원이 된 것입니다.

희한하게도 석유는 정제하면 할수록 쓸모 있는 물질이 계속 나왔습니다. 덕분에 인류는 아주 다양하게 석유를 쓸 수 있게 되었습니다. 예컨대 가솔린은 자동차·비행기용으로 쓰였고, 경유는 디젤기관 연료로 쓰였으며, 등유는 발동기를 돌릴 때, 아스팔트는 도로 포장 및 건축 재료로, 파라핀은 양초 원료와 가구 윤활유로 사용되고 있으며 바셀린 원료로도 이용됩니다.

그런데 이와 같은 다양한 쓰임새는 석유 자원을 금방 고갈시키는 상황을 초래했으니 늦은 발견치고는 너무 빠른 종말이 다가오는 셈입니다.

37·38 일째

플라스틱 : 어떤 모양이든 만들 수 있는 만능 재료

"상아가 부족해 당구공을 만들 수 없으니 뭔가 다른 재료를 찾아야겠어."

1863년 당구공 원료인 상아 품귀현상이 일어났습니다. 아프리카 코끼리가 급격히 줄어들었기 때문이지요. 당시 미국에서는 당구가 한참 인기를 끌던 터라 당구업자들은 애를 태웠고, 급기야 대규모 당구공 제조업자가 상아 대용품 발명에 현상금 1만 달러를 내걸었습니다.

"상금이 많네. 그렇다면 내가 도전해봐야지."

미국 인쇄업자 하이아트는 그걸 보고 여러 재료로 실험을 시작했습니다. 어느 날 그는 톱밥과 종이 혼합물을 풀로 굳히는 실험을 하던 중 손가락을 다쳤습니다. 하여 콜로디온을 바르려고 선반으로 갔습니다. 콜로디온은 니트로셀룰로오스를 에테르와 알코올에 녹인 것으로 그 무렵 상처치료용으로 쓰였습니다. 콜로디온을 바르면 투명하고 질긴 막이 피부를 감쌌기 때문이지요. 그런데 콜로디온이 담긴 병이 쓰러져 있었습니다.

"이런, 다 쏟아졌네. 그런데 어디 보자. 얇은 막이 생겨서 단단하게 굳었네."

하이아트는 톱밥과 종이의 혼합물을 콜로디온으로 굳힐 생각을 했습니다. 몇 차례 실험 결과 니트로셀룰로오스와 방충제로 쓰는 장뇌(樟腦)를 알코올에 섞어서 압력을 넣으면 당구공으로 쓰기에 적당한 플라스틱이 된다는 걸 알아냈습니다. 비록 원시적이긴 하지만 최초의 인공 플라스틱인 셀룰로이드가 탄생하는 순간이었습니다.

"상금을 왜 안 주나요?"

"큐(막대기)로 공을 치다보니 가끔 폭발해 터졌기 때문입니다."

그렇게 그는 당구공을 만들고도 현상금을 받지 못했습니다. 셀룰로이드로 만든 당구공이 가끔 폭발했기 때문입니다. 그러나 그는 자기가 만든 플라스틱을 '셀룰로이드'라 이름 짓고 1870년 특허를 받았습니다. 이로써 플라스틱 시대가 열렸습니다.

'플라스틱'이란 뜨거운 열을 이용해 원하는 형태로 모양을 만들 수 있는 유기 고분자 물질을 가리키는 말입니다. '합성수지' 라고도 하는데, 그 역사는 우연한 발견에서 시작되었습니다.

1846년 스위스 바젤대학 교수였던 쇤바인은 실험 도중 실수로 왕수(염산과 질산이 3대1로 섞인 용액)가 든 병을 바닥에 떨어뜨렸습니다.

"어이쿠, 이런 실수를! 용액이 모두 쏟아졌네. 빨리 닦아야겠다."

그는 주변에 있던 면치마로 왕수를 닦아냈습니다. 그러다가 이 면치마의 질감이 변하는 걸 보고 문득 영감을 얻었습니다. 얼마 후 쇤바인은 면(綿) 성분인 셀룰로오스와 질산을 합성해 투명하고 끈적끈적한 '질산셀룰로오스' 라는 물질을 개발했습니다. 프랑스에선 이를 원료로 '샤르도네 실크' 라는 인조비단을 뽑아냈고, 훗날 미국에서는 이것을 셀룰로이드 당구공의 재료로 사용했습니다.

19세기 말엽 셀룰로이드는 와이셔츠 칼라나 소매를 비롯해서 단추, 상자, 줄자, 사진필름, 나이프 자루, 만년필 등에 쓰이면서 그 범위를 넓혀갔습니다.

하지만 진정한 의미의 플라스틱인 완전합성 고분자물질은 1905년 베이클랜드가 포름알데히드와 페놀을 합성해 만든 '베이클라이트(일명 석탄산수지)' 가 최초입니다. 이 물질은 뜨겁게 하면 물러졌다가 식히면 갑자기 단단해지는 성질을 갖고 있습니다. 즉 물러졌을 때 형태를 만든 뒤 이를 완전히 굳히는 게 가능했으니 바로 이 성질이 플라스틱 혁명을 일으켰습니다. 이 물질은 '플라스틱' 이라 이름 지어졌는데 '플라스틱(plastic)' 은 '성형하기 알맞다' 는 뜻의 그리스어 플라스티코스(plastikos)에 어원을 두고 있습니다.

오늘날 플라스틱은 가볍고 튼튼하고 염색하기 쉬우므로 수많은 사물을 만들 때 그 재료로 쓰이고 있습니다. 더구나 플라스틱은 만들어놓은 틀에 붓기만 하면 대량 생산할 수 있었기 때문에 가공용 나무를 절약할 수 있었습니다. 하지만 썩지 않는 다는 장점이 이젠 환경공해문제가 되고 있으니 장점만 갖춘 물질은 없나봅니다.

39·40일째

합성섬유 : 부드럽고 가벼운 인공 옷감

"큰일 났네. 이러다 비단 산업이 망하겠어."

1860년대 프랑스에서 전염병으로 인해 누에가 많이 죽었고 그에 따라 양잠업(누에를 치는 사업)이 위기를 맞았습니다. 누에가 없으면 누에고치를 만들 수 없고, 당연히 비단의 재료인 실크(명주)를 얻을 수도 없습니다.

"누에를 전염병으로부터 구해줄 방법을 연구해주세요."

프랑스 정부는 유명한 생물학자 파스퇴르에게 그 문제를 의뢰했고, 파스퇴르가 나름의 살균법을 찾아냈지만 근원적인 해결책은 아니었습니다.

"아무래도 실크를 대신할 섬유가 필요해!"

파스퇴르 조수였던 샤르도네는 실크 대용품을 개발하기로 결심했습니다. 세월이 흘러 1878년의 어느 날 샤르도네는 암실에서 일을 하다 콜로디온이 담긴 병을 실수로 엎질렀습니다. 그가 걸레로 닦으려 하니 용매가 증발하여 끈적끈적한 액체만 남게 되었는데, 그걸 닦아내자 뜻밖에 가느다란 실이 생겼습니다. 손으로 만져보니 실크처럼 부드러웠습니다.

"그래, 바로 이거야!"

마침내 6년 뒤 샤르도네는 인조견을 개발했고, 이 새로운 합성섬유로 짠 천을 1891년 파리박람회에 전시하여 사람들의 관심을 끌었습니다. 프랑스 정부는 국가적 사업으로 여기고 재정 지원을 결정했습니다. 최초의 합성섬유인 '인조견'

Chardonnet

은 우연한 발견과 의도적인 노력의 결실로 이렇게 태어났습니다.

　인조견은 어떤 면에서 천연 비단보다 좋았습니다. 비단이 몇 차례 입으면 늘어나고 빨면 줄어드는데 비해 합성섬유는 그렇지 않았으니까요. 또한 비단보다 값이 싸면서도 질감이 부드럽고 광택이 빛났습니다. 인조견은 철저히 천연 비단을 본보기 삼아 그 모양과 감촉을 흉내 냈으므로 그러한 결과는 당연했지요. 그런 연유로 1924년 인조견 대칭용어를 정할 때 '직물의 광택'이라는 뜻에서 '레이온(rayon)'이라 했습니다.

　1930년대에 또 한 번 합성섬유에 새 바람이 불었습니다. 레이온을 바탕으로 한 '나일론'이 등장한 것입니다. '나일론(Nylon)'은 미국 듀폰사에서 부족한 울(양털)을 인공적으로 대체하고자 만든 합성섬유 플라스틱입니다.

　1938년 첫 선을 보인 이 브랜드의 실험실 명칭은 원래 '레이온 66'이었습니

news about NYLON

다. 나일론은 아디프산과 헥사메틸렌디아민으로 만들며, 이들은 각각 탄소원자 6개를 가지고 있기 때문에 레이온 66이라는 이름이 붙었습니다. 하지만 듀폰사는 '레이온 66'이 상품명으로 적합하지 않다고 판단하여 2년 6개월간 고심한 끝에 '올이 잘 풀리지 않는다(no run)'라는 뜻으로 발음을 조금 다듬어 '나일론(nylon)'이라 정했습니다.

"나일론으로 어떤 제품부터 만들까?"

듀폰사는 우선 이 합성섬유의 응용제품으로 칫솔모를 내놓았습니다. 이어 낚싯줄과 외과용 봉합실을 선보였습니다. 그렇지만 기대만큼 팔리지 않았습니다. 그러나 나일론으로 만든 스타킹은 반응이 달랐습니다.

1938년 뉴욕에서 나일론스타킹이 처음 선보이던 날, 미국 여자들은 한정된 수량의 스타킹을 사려고 상점 문이 열리기도 전에 줄지어 섰습니다. 놀라운 스타킹을 서로 먼저 신어보기 위해서였지요. 드디어 판매가 시작되자, 스타킹을 산 여자들은 길가에서 다리를 치켜들고 신기한 스타킹을 신어보느라 정신이 없었습니다. 이런 열기에 힘입어 듀폰사는 《석탄·물·공기가 당신의 몸을 감쌉니다》라는 캐치프레이즈 아래 미국 전역에서 시판 하였고 첫날, '4백만 켤레 매출'이라는 진기록을 수립했습니다. 나일론스타킹은 가볍고 가늘면서 천연섬유보다 탄력이 있고 부드럽습니다. 면스타킹이 상대적으로 투박하고 쉽게 느슨해지는 걸 감안하면 대단한 장점이지요.

오늘날 합성섬유는 칫솔모, 로프, 의복, 양탄자 등에 다양하게 쓰이고 있습니다.

제3장 보존

41·42일째 그릇 : 식량 보존을 위해 필요한 절대적인 물건 43·44일째 저장식품 : 식량 부족의 위기를 넘기게 해준 음식 45·46일째 집 : 안전하고 편안한 쉼터 47·48일째 건전지 : 잡아당기는 힘이 저장된 전기에너지 49·50일째 옷 : 신분이나 처지를 반영하는 인체 보호막 51·52일째 신발 : 발을 보호하고 멋을 내는 보호용품 53·54일째 가방 : 들고 다닐 수 있는 보관함 55·56일째 자물쇠 : 안전하다는 믿음을 주는 잠금장치 57·58일째 깡통 : 오랜 시간 음식을 보관할 수 있는 특수용기 59·60일째 박물관 : 한눈에 볼 수 있는 동서고금 세계여행

41·42 일째

그릇 : 식량 보존을 위해 필요한 절대적인 물건

"바람이 심하게 부네. 애써 피운 불이 꺼지면 곤란한데 어쩌지."

"옳지! 저기 보이는 돌을 가져다 주변에 쌓자."

인류는 처음 불을 발견하고는 여러 쓰임새에 크게 만족해했습니다. 하지만 불을 유지하기가 쉽지 않았습니다. 갑자기 거센 바람이 불거나 비가 내리면 불이 꺼지기 일쑤였으니까요. 하여 불꽃을 보호하고자 불 주위에 돌을 쌓았고, 그 돌들이 무너지지 않도록 사이사이에 물로 반죽한 흙을 발랐습니다. 그러면서 흙이 불에 구워지면 단단해진다는 사실을 깨닫게 되었습니다.

"물로 반죽하여 햇볕에 말린 흙은 물에 젖으면 망가지는데 이건 그것보다 단단하네."

"우리, 흙으로 물을 담을 수 있는 그릇을 만들어보자."

사람들은 부드러운 흙반죽으로 위는 넓고 아래는 뾰족한 모양을 만들어 불에 구웠습니다. 그리해야 모래밭에 살짝 꽂아 세울 수 있었기 때문입니다. 이로써 그릇이 탄생했는데, 이렇게 구워진 토기는 붉은 빛을 띠었습니다. 열린 공간에서 그릇을 구우면 열이 700℃까지 올라가지만 산소가 충분하기 때문에 그 영향으로 토기 속의 철분이 산화되어 붉은색(혹은 황갈색)을 띠는 것입니다.

다소 어설프나마 그릇의 발명은 인류의 삶을 편리한 방향으로 이끄는데 큰 도움을 주었습니다. 당장 갈증이 날 때마다 강가로 가서 물을 마셔야 하는 번거로

움에서 벗어나게 해줬고, 그릇에 음식물을 보관할 수도 있게 해주었습니다. 사냥한 물고기를 땅바닥에 놓지 않고 그릇에 넣어두니 위생적으로도 좋았습니다.

우리나라의 경우, 원시인들은 토기에 빗살무늬를 새겨 행운을 기원했습니다. 여기서 빗살무늬는 생선의 뼈 모양을 상징적으로 나타낸 그림이며, 보다 많은 물고기 사냥을 희망하는 일종의 부적이었던 것입니다. 해안이나 강 근처 유적에서 발견된 수많은 토기에 빗살무늬가 새겨진 이유가 여기에 있습니다.

인류는 점차 그릇을 다양한 모양으로 만들어냈습니다. 토기의 바닥부분을 평평하게 하여 모래밭이 아닌 딱딱한 땅에서도 그릇을 세울 수 있게 했고, 먼지가

덜 들어가도록 윗부분을 오목하게 만들었습니다. 이때 항아리는 물 뿐만 아니라 술이나 곡식을 보관하는 용도로도 많이 쓰였습니다.

"그릇 하나를 두고 동시에 같이 먹으려니까 불편해."

처음에는 중간 크기의 그릇만 만들었으나 이내 큰 것과 작은 것도 만들었습니다. 큰 그릇은 저장용, 중간 그릇은 요리용, 작은 그릇은 식기로 사용했습니다.

또한 문명이 발달하면서 문화권에 따라 필요한 그릇을 제각기 만들어 썼습니다. 농사지은 곡식으로 밥을 지어 먹는 우리나라 사람들은 일찍부터 솥을 썼습니다. '솥'은 음식을 끓이는 데 쓰는 그릇입니다. 낙랑9호 고분에서 토기로 만든 솥이 출토된 것으로 미루어 삼국시대 이전부터 솥이 사용된 걸로 여겨집니다. 삼국시대 후기에는 무쇠 솥이 보급되기 시작했습니다. 솥은 국을 끓이는데도 사용됐는데, 국물을 좋아하는 음식문화와 관련이 있습니다. 큰 항아리에는 간장, 된장, 고추장 등을 넣어 보관하면서 '장독'이라 불렀습니다. 장독 덕분에 겨울철 영양 부족을 막을 수 있었습니다. 우리 음식은 국물이 많으므로 오목한 사발이 그릇의 주종을 이뤘습니다.

이에 비해 서양에서는 건더기 중심의 식사를 한 까닭에 얇고 납작한 접시가 발달했습니다. 개인용 접시 사용은 그리스 시대 때 시작됐으며, 그리스인은 음식 양에 맞춰 크고 작은 두 가지 형태의 접시를 사용했습니다. 이에 비해 로마의 귀족들은 도기·유리·금·은으로 된 접시를, 평민들은 나무로 된 사발을 썼습니다. 그릇으로 신분을 차별한 것이지요. 욕망을 되도록 참으라고 강요한 중세시대에는 개인용 접시가 사라졌지만, 르네상스시대에 다시 부활했습니다. 오늘날에도 서양의 식탁에는 접시가, 우리나라의 식탁에는 사발이 대부분을 차지하고 있습니다.

43·44일째

저장식품 : 식량 부족의 위기를 넘기게 해준 음식

"고기에 소금을 뿌려!"
"왜?"

매서운 추위가 몰아닥치는 겨울은 인간에게 반갑지 않은 계절이었습니다. 식량이 부족했던 옛날에는 더 그랬습니다. 하여 겨울에 살아남기 위해 필사적으로 월동준비를 해야 했습니다. 여기서의 월동준비란 음식을 저장하는 일인바, 음식을 보존하는 여러 방법이 행해졌습니다.

가장 흔한 방법은 '소금 절임'이었습니다. 영국이나 스칸디나비아 제국처럼 채소가 귀한 지역에서는 소금을 이용해 고기로 햄(ham)을 만들었습니다. '햄'은 돼지고기를 소금에 절인 후 훈제(뜨거운 연기에 그슬려 익힘)하여 만든 식품을 가리킵니다.

"훈제하니까 고기 맛이 독특하네."

"그뿐 아니라 고기를 오래 보존할 수도 있잖아."

햄의 유래는 기원전 1천년 경으로 거슬러 올라갑니다. 당시 그리스인은 이미 햄의 원형이라 할 수 있는, 훈제한 고기와 소금에 절인 고기를 즐겨 먹었습니다. 로마시대에 이르러서는 연회나 원정군의 휴대식량으로 햄을 사용했습니다.

"햄은 쉽게 상하지 않으므로 군사식량으로 딱 좋아."

북유럽 사람들은 식욕을 돋우고자 햄을 식사 시간 중 가장 처음에 먹었습니다. 초기 유럽 정착민에 의해 아메리카로 전해진 후로는, 늦가을과 겨울철에 집에서 정성을 기울여 햄을 마련하는 미국인들만의 전통이 생겼습니다.

이에 비해 동양, 특히 채소가 풍부한 지역에서는 채소를 소금에 절였습니다. 그 재료로는 배추와 무가 많이 쓰였습니다. 목축국가에 비해 상대적으로 고기가 귀했던 까닭에, 채소를 통해 영양을 얻으려 했던 것이지요. 우리나라의 김치, 일본의 우메보시(매실장아찌) 등은 그렇게 해서 생긴 저장식품이랍니다.

"소금에 절이는 것 외 다른 저장 방법은 없을까?"

식품을 보존하는 또 다른 시혜는 '건조'였습니다. 고기·과일·채소에서 수분을 없애면 날것보다 훨씬 오랜기간 상하지 않게 보관할 수 있었으니까요. 유목민족은 그 점을 주목하여 고기 건조에 관심을 기울였습니다. 한 예를 들어볼까요.

몽골의 경우, 대륙성 기후로 여름에는 덥고 겨울에는 영하 45℃까지의 매서운 추위가 계속되어 집 밖에서 활동하기가 어렵습니다. 다행히 초원이 많기에 자연스럽게 목축업이 발달했습니다. 그러나 몽골인은 되도록 고기는 먹지 않고, 풀이 풍부하게 자라는 여름과 가을에 주로 짐승의 젖과 그걸 가공한 유제품을 먹었습니다. 몽골인이 여름·가을에 육식을 참은 이유는 가축을 죽이면 젖이나 유제품을 계속 생산할 수 없었던 데 있습니다. 때문에 몽골인은 젖이 거의 나오지 않는 겨울(혹은 봄)에 고기를 말려 저장한 다음 사계절 내내 먹었습니다.

그런가하면 페루에서는 전통적으로 옥수수와 감자를 많이 소비했습니다. 특히 얼린 감자를 말려 발효시킨 '큐쇼'는 높은 지대에 사는 페루인의 가장 중요한 보존식품으로 수프를 만들 때 반드시 들어갑니다. 물이 귀한 데다 별다른 음식도 없는 까닭에 건조식품이 발달한 것입니다. 페루에서는 해마다 대대적인 감자축제를 열어 감자를 준 신에게 고마운 마음을 나타내고 있습니다.

한편, 우리 민족은 농경문화에서 초래된 단백질 결핍 문제를 콩으로 해결했습니다. 콩을 발효시켜 소금물에 담가 만든 된장은 단백질 공급원일 뿐 아니라 한국음식의 뿌리이기도 합니다. 된장은 항암 성분이 무척 많은 식품입니다.

하지만 저장기술의 발전에 힘입어 현재의 저장식품은 처지가 불분명해졌으며, 식품에 들어가는 소금 농도도 갈수록 줄고 있습니다. 또한 소금의 과다섭취가 성인병의 주요 원인으로 밝혀지면서 한때 소금이 기피 대상으로 몰리기도 했습니다. 현재는 소금을 사용하기보다 저장용기를 이용하여 식품을 보존하고 있습니다.

45·46일째

집 : 안전하고 편안한 쉼터

"컴컴해졌는데 어디서 자야 하나?"

"저기 동굴이 있으니 그리로 가자."

인류시대 초기 사람들은 밤이 되면 동굴로 가서 잠을 잤습니다. 자는 도중 사나운 짐승으로부터의 공격을 피하기 위함이었지요. 하지만 사람 수에 비해 동굴이 부족했습니다. 어쩔 수 없이 들판에서 자다가 사고를 당하는 사람이 많아지자 누군가 말했습니다.

"동굴 같은 피난처를 만듭시다!"

이렇게 해서 나뭇가지를 엮어 움막을 세웠습니다. 인류 최초의 집이 탄생한 것입니다. 1만 8천~1만 2천년 전 사람들은 자연이 마련해준 동굴을 찾아다니는 대신 스스로 필요한 곳에 필요한 공간을 적극적으로 만들었습니다.

초기 움막은 땅을 허리 정도 깊이로 둥글게 파고 그 둘레에 나뭇가지를 엮어 세운 다음 그 위에 지붕을 얹어놓은 형태였습니다. 비록 얼기설기 엮었지만 움막은 단순히 잠자는 곳 이상의 의미가 있는 공간이었습니다. 움막은 사람들의 생활 형태를 바꾼 안전한 쉼터였습니다.

"저기에 집을 짓고 우리끼리 삽시다."

사람들은 서서히 동굴에 모여 머물던 단체생활에서 가족 단위로 흩어져 살기 시작했으며, 약간의 사생활도 가질 수 있었습니다. 얼마 지나지 않아 좋은 땅에는 수많은 움막이 들어섰고 자연스레 마을을 이뤘습니다.

초기 움막은 깔때기처럼 생겼는데, 그건 바람의 저항을 덜 받고 빗물이 고이지 않도록 하기 위한 목적이 컸습니다. 움막의 내부공간은 불(火)을 중심으로 동심원을 그렸는데, 이런 형태는 단순하고 일반적인 주거양식으로 지금도 중앙아시아의 유르트(Yurt)와 아프리카의 이동 조립식 주거에 그 흔적이 남아 있습니다.

"이리로 와. 불이 있어서 따뜻하니까."

인류는 불을 둘러싸고 먹고 자곤 했습니다. 처음에는 집이 원형 형태였지만 점차 공간의 효율성에 눈뜨면서 사각형으로 만들었습니다. 이와 더불어 문명이 시작됐습니다. 물건을 보관하거나 쌓으면서 원형 공간이 비효율적임을 느낀 나머지 반듯한 사각형으로 개량했던 것입니다. 네모꼴로 만들어진 집에는 곡식을 저장하는 곳과 가축을 보호하는 외양간이 가장 먼저 만들어졌습니다.

그렇지만 주택의 중심은 단연 부엌이었습니다. 생존에 필요한 음식을 만들고 잠자리를 따뜻하게 해주는 공간이었으니까요. 하여 고대 로마인은 부엌의 신인 베스타를 숭배했고, 옛날 중국과 우리나라에서는 연말이 되면 조왕신(부엌의 신)에게 제사를 지냈습니다. 조왕신이 가정의 행복을 관리할 뿐만 아니라 하늘로 올라가 옥황상제에게 보고하여 선행이 많은 집엔 복을 주고 악행이 많으면 재앙을 준다고 믿었기 때문이지요.

"손님을 맞이할 공간이 있었으면 좋겠네."

거실 중심의 집 구조는 17세기 말경 아메리카대륙에 이주한 청교도들에 의해서 시작됐습니다. 초기의 거실은 식당·거실·응접실을 겸한 방이었으며, 난로도 아궁이를 겸하는 식으로 되어 있었습니다. 뉴잉글랜드 지방에 개척의 근거지를 정했던 청교도들은 거실 중심의 주거를 만들고, 거기에서 식사를 하고 또 거기에 부엌도 붙였습니다. '손님도 그리스도 아래서는 형제자매'라는 사상에 따라 거실에서 응대하고 식사를 할 때는 요리도 나눠 먹은 것이랍니다. 이리하여 거실은 자연스레 집의 중심이 되었습니다.

일반적으로 세계 각국의 주택은 그 지역 기후와 환경을 감안하여 세워졌습니다. 더운 지역에서는 집 가운데에 정원을 만들어 햇빛과 습기를 조절했고, 사막에서는 모래 열풍을 피하고자 창문을 아주 작게 만들었으며, 습기 많은 지역에서는 마루를 높이 올렸습니다. 구조는 다르지만 모두 자연과의 조화를 추구한 지혜입니다.

47 · 48 일째

건전지 : 잡아당기는 힘이 저장된 전기에너지

"이걸 옷에 문지르니까 가벼운 깃털이 달라붙어."
"어디 봐. 정말 신기하네. 무슨 힘으로 잡아당기는 걸까?"
고대 그리스인들은 호박(琥珀)을 문지르면 깃털 같은 가벼운 물체들을 끌어당긴다는 사실을 발견했습니다. 그들은 호박에서 발생하는 묘한 힘을 그리스어로 '엘렉트론(electron)'이라 불렀습니다. 여기에서 전기(電氣)를 뜻하는 '엘렉트리시티(electricity)'라는 단어가 생겼습니다.

중세 유럽의 연금술사들에게도 호박은 수은·유황과 더불어 인기 있는 연구 소재였습니다. 연금술사들은 호박의 마찰에서 발생하는 '전기'의 비밀을 풀려고 연구에 연구를 거듭했지만 끝내 그 비밀을 알아내지는 못했습니다.

전기에 대한 본격적인 연구는 16세기 말 윌리엄 길버트가 정전기와 자기(磁氣)의 상관관계를 연구하면서부터 시작됐습니다. 벤저민 프랭클린은 1752년 연을 이용한 실험을 통해 번개의 전기적 성질을 증명했으며, 전하의 종류를 음과 양으로 구분했습니다.

'전기'는 전자의 이동으로 생기는 에너지의 한 형태를 가리키는 말입니다. 전자 하나하나의 힘은 약하지만 그게 모이면 강력한 에너지를 갖게 되는데, 전기에너지를 발생시키는 장치를 '전지'라고 합니다.

요즘 많이 쓰는 건전지는 전지를 형태적으로 발전시킨 물질입니다. 구체적으로 설명하면 '건전지'는 전기가 생기는 물질을 솜이나 종이에 흡수시켜 풀 모양으로 만든 다음, 용기에 넣은 1차 전지를 뜻합니다. '1차 전지'는 한번 쓰고 버리는 일회용 전지를 가리킵니다.

전기를 저장했다가 쓰는 장치인 전지는 이탈리아 물리학자 알레산드로 볼타가 발명했습니다. 1801년 파리에서 볼타는 나폴레옹에게 전지가 전류를 일으키는 걸 실험해보였고, 그의 공을 높게 산 나폴레옹은 그에게 백작 작위를 주었습니다. 과학계에서도 볼타의 업적을 높이 평가하여 전기를 일으키는 힘의 단위를 '볼트(V)'라고 이름 지었습니다.

그렇지만 최초의 실용적 건전지는 1878년 프랑스의 F.르크랑셰가 발명한 1.5V 정도의 망간전지로 여겨집니다. 당시 르크랑셰는 망간산화물과 아연을 각각 양극과 음극으로 사용했는데 처음에는 전해액을 용액 그대로 사용하여 습전지라고 했으나 나중에는 전해액을 굳혀 마른 전지(Dry Cell)라고 불렀습니다. '건전지'(乾電池)는 여기에서 유래된 말입니다. 건전지는 전극으로 눅눅한 반죽을 사용하므로 액체가 스며 나오지 않아 휴대하기 편리합니다.

알칼리전지는 1909년 토머스 에디슨이 발명했습니다. '알칼리전지'라는 이름은 전해액이 산성이 아니라 알칼리성이기 때문에 붙여졌으며, 이후 니켈전지·수은전지·태양전지 등등이 잇달아 발명됐습니다.

전기나 전지는 18-19세기 과학자들에 의해 큰 성과를 얻었습니다. 당시 과학자들은 전력에 음극·양극이 있다는 걸 발견했습니다. 또한 두 개의 양극과 두 개의 음극, 즉 같은 극끼리는 서로 밀어내는 반면 양극과 음극, 다른 극끼리는 서로 끌어당긴다는 것도 알아냈습니다. 또 전력과 자력은 서로 통한다는 걸 증명했으며, 사물을 건드리지 않고도 사물에 영향을 미치는 힘을 갖고 있음도 밝혀냈습니다.

영국 과학자 패러데이는 전류의 자기 작용에 관하여 연구하여 전자기 회전현상을 발견하였는데 이는 전기모터와 발전기를 만들 수 있다는 가능성을 확인시켜준 쾌거였습니다. 어느 날 한 임산부가 쓸모없는 발명이라며 따지듯 면박하자, 패러데이는 이렇게 말했습니다.

"부인, 갓난아이가 어디 쓸 데 있나요?"

패러데이의 일화에서 짐작할 수 있듯 사람들은 눈에 보이는 '구체적 물건'이 없으면 당장의 쓸모를 느끼지 못합니다. 그러나 역사를 살펴보면 원인을 분석하고 원리를 파헤치는 과정에서 이론을 정립시킬 수 있었고 그 이론을 바탕으로 실용적인 물건이 만들어져왔습니다.

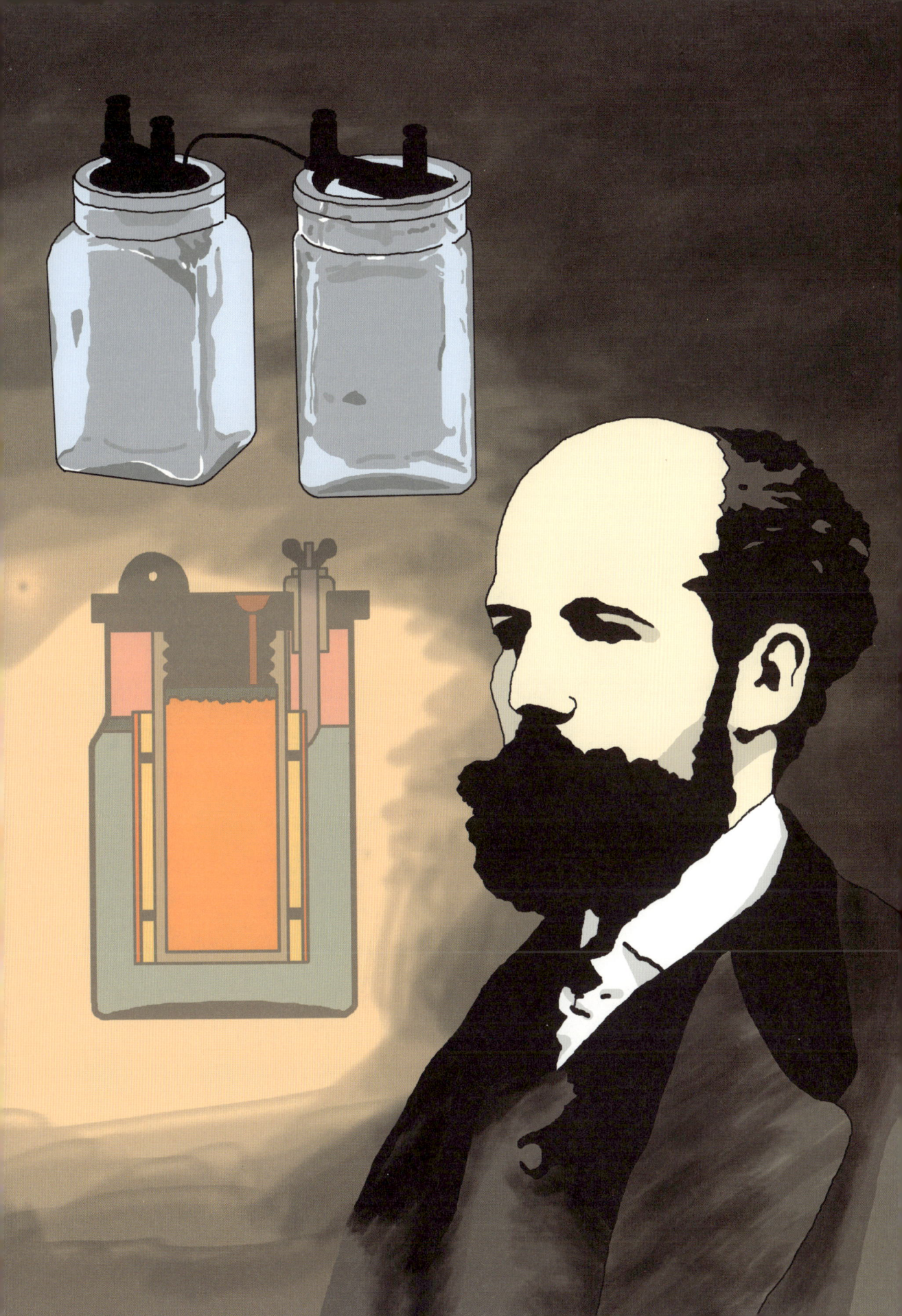

49·50일째

옷 : 신분이나 처지를 반영하는 인체 보호막

"나뭇잎은 왜 붙였소?"

"부끄러워서요."

성경에는 아담과 이브가 금단의 과일을 먹고 수치를 알게 됨에 따라, 알몸을 부끄럽게 여겨 성기를 나무 잎사귀로 가린 게 옷을 입게 된 시초라고 쓰여 있습니다. 아담과 이브의 이러한 이야기는 이른바 '수치감정설'로서 오랫동안 의복 발생의 정설처럼 여겨져 왔습니다.

"부끄러운 감정은 사람마다 다르므로, 옷이 만들어진 이유는 다른 데 있다."

그러나 근대 들어 인류학자들은 다른 견해를 내놓았습니다. '수치'는 보통 때와 다른 별스러운 짓을 할 때 일어나는 감정으로, 어느 상태를 부끄럽게 여기는가는 문화권에 따라 다르다는 반론을 제기한 것입니다. 인류학자 하로크는 시험적으로 남아메리카의 한 나체족에게 옷을 입혀 본 결과, 원주민은 옷 입은 것을 부끄러워하며 이내 벗어버렸다고 합니다.

그리하여 유력시된 것은 성기 보호설입니다. 성기를 보호하기 위해 허리끈(허리띠)을 하였던 바, 이 허리끈이 의복의 기원이라는 설입니다. 선사시대 유적에서 출토된 여자 인형 중에는 허리에 한 가닥 끈이 둘러져 있는 걸 볼 수 있는데, 그걸 인류 최초의 옷으로 보는 것입니다.

어느 설이 옳든 간에 원시인은 사냥으로 얻은 먹이를 차고 다니기에 좋고, 돌

칼 따위를 휴대하기에도 좋은 이 한 가닥 끈을 매우 유용하게 썼습니다. 또한 인류는 끈 앞쪽에 나뭇잎이나 동물가죽 등을 매다는 법, 혹은 동물 가죽을 그대로 허리에 감는 법을 생각해냈습니다.

뒤이어 가죽이 옷의 주재료로 등장하였고, 처음 가죽옷이 나왔을 때는 단순히 추위와 몸을 보호하기 위한 용도로 쓰였습니다. 하지만 문명사회가 형성되면서 인류는 멋을 부리고자 옷을 입었습니다. 즉 계급사회에서 권위를 과시하거나 혹은 아름답게 보이기 위하여 옷을 화려하게 만든 것입니다. 그리고 이때부터 문화권에 따라 나름의 복식문화를 형성하기 시작했습니다.

옷의 기능은 모양에 중요한 영향을 미칩니다. 일반적으로 평화로울 때에는 거추장스러울 정도로 화려한 복식이 유행했고, 전쟁이 벌어지던 때는 실용적인 의복이 주류를 이루었습니다. 이처럼 하는 일에 따라 옷의 형태가 달라집니다.

예를 들어 조선시대의 경우 문관의 옷은 문서를 보관하기에 용이하도록 소매가 넓고 깊게 만들어졌고, 무관의 속옷 왼쪽 겨드랑이 부분엔 칼을 거는 고리를 만들어 칼을 차고 다니도록 했습니다. 그래서 무관은 갑옷을 벗고 쉬고 있어도 칼은 늘 지닐 수 있었습니다. 현대 TV 사극에서 무관이 칼을 허리띠에 차고 다니는 걸 간혹 볼 수 있는데 이는 잘못된 모습입니다.

"입기 편한 옷이 최고야. 자유롭잖아."

옷은 시대적으로도 많은 변화가 있었습니다. 고대 그리스의 '키톤'은 천 조각을 몸에 둘러서 걸치는 옷이었습니다. 그리스인의 실용적이고도 자유로운 정서를 반영한 옷이었습니다. 로마인은 공화제가 확립되자 T자 모양의 느슨한 옷인 튜닉을 입었습니다. 이때 여유로운 상류층의 옷은 긴 반면, 일을 해야 하는 하층인의 옷은 무릎까지만 내려왔습니다.

14세기 유럽에서는 남녀를 불문하고 옷을 몸에 꼭 끼게 입었고, 16세기에는 남녀의 신체적 특징이 두드러진 옷이 유행했습니다. 남성들은 체격이 좋아 보이도록 어깨·가슴·소매 윗부분에 심을 넣어 부풀게 했습니다. 이에 비해 여성 속옷은 허리가 날씬하도록 고래수염으로 뻣뻣하게 만들었습니다. 이처럼 꼭 졸라서 입는 속옷은 19세기 말까지 계속됐습니다.

19세기 중엽 유럽에서는 현대 신사복의 기틀이 된 양복이 유행했고, 20세기 이후에는 짧은 치마가 여성들 사이에 갑자기 퍼졌습니다. 여성에게 금지되었던 바지도 허용됐는데, 이런 옷차림은 사회에서 여성의 참여도와 활동성이 높아지면서 변화된 것입니다.

오늘날에는 옷이 시대의 유행을 반영하거나 개인의 개성을 표현하는 수단으로 이용되고 있습니다.

51·52 일째

신발 : 발을 보호하고 멋을 내는 보호용품

조선시대 때의 일입니다. 백호 임제가 술에 취해 말을 타려는데 하인이 조심스레 말했습니다.

"나리, 가죽신과 나막신을 한 짝씩 신으셨습니다."

이에 백호는 이렇게 대답했습니다.

"길 오른쪽에 있는 사람은 내가 가죽신을 신었다고 생각할 것이고, 왼쪽에 있는 사람은 나막신을 신었다고 할 터이나 아무 문제없지 않느냐."

위 이야기는 당쟁을 일삼던 조정 대신들을 은근히 비판한 것이지만, 여기서는 신발에 주목하고자 합니다. 신발은 밖에 나설 경우 발을 보호하기 위해 신는 보호용품인 동시에 그 사람의 신분을 어느 정도 나타내주는 장식품이기 때문입니다.

인류는 언제부터 신발을 신었을까요? 최초의 신발은 가죽으로 만들었습니다. 석기시대에 사냥한 동물의 고기는 발라먹고, 가죽은 벗겨 몸을 가리는데 사용하거나 신발을 만들었거든요. 처음에는 투박하게 발을 감싼 모양이었으나 기원전 17세기경 끈으로 졸라매는 가죽 샌들이 등장했고 이어 샌들에 발뒤축을 부착한 단화가 나왔습니다. 이때의 가벼운 샌들은 보호보다 편리와 멋을 강조한 것이므로 신발이 문명사회와 함께 시작했음을 알 수 있습니다.

지금껏 남아있는 가장 오래된 신발 역시 샌들입니다. 기원전 2천년경 이집트

무덤에서 발굴된 파피루스로 꼬아 만든 샌들이 그것이지요. 그리스인은 가죽 샌들에 여러 장식을 달았는데, 상류층 여인은 하양과 빨강 신발을 즐겨 신었습니다. 고대 로마인 신발은 성별과 신분에 따라 모양이 달랐습니다. 원로원 의원이 신는 샌들이 있었는가 하면 황제만 신는 신발도 따로 있었습니다. 로마군 병사에게는 바닥에 징을 박은 튼튼한 신발이 지급됐습니다. 여성의 신발은 자수와 구슬로 치장했고, 갖가지 색으로 만들었습니다. 사회적 필요에 맞춰 신발을 다양하게 만든 것입니다.

굽 높은 구두인 하이힐은 언제 등장했을까요? 높은 신발을 통해 키를 커보이게 하려는 마음은 고대시대 때부터 있었습니다. 기원전 5세기경 에트루리아인들이 높은 굽에 발가락이 드러나는 끈 달린 구두를 신었으며, 14세기 중엽부터 유럽인은 굽 높고 뾰족한 신발을 신었습니다. 이때는 권위를 과시하기 위함이

Roger Vivier

목적이었고 부유층 인사들만 유난히 높은 신발을 신을 수 있었습니다. 그런 신발을 신은 사람은 대부분 남자였습니다. 상류층의 일부 여성도 굽 높은 신발을 신긴 했으나 매우 드문 일이었습니다. 루이 14세는 열등감 때문에 높은 굽의 신발을 신었는데 엉뚱하게도 귀족과 귀부인들은 단순히 그러한 국왕을 흉내 내려고 따라 신었습니다. 이때까지만 해도 높은 굽은 그저 키를 높이는 도구 정도로 여겨졌습니다.

그러나 프랑스의 구두 디자이너 로제 비비에가 1954년 선보인 현대적 '하이힐'은 신발에 대한 인식을 크게 바꿔 놓았습니다. 하이힐은 키를 높여줄 뿐만 아니라 여성의 다리를 늘씬해 보이게 해주었으니까요. 때마침 짧은 치마가 유행하면서 하이힐은 각선미를 강조하는 여성의 신발이 됐습니다.

이처럼 신발은 발을 보호한다는 실용적인 목적에서 출발하여 점차 패션으로 진화했고 등산화·군인화·운동화·축구화·골프화처럼 특수기능화로까지 발전했습니다.

오늘날 신발은 대부분 일정한 모양이 정해져 있는데, 지금의 구두 모양은 남녀용 모두 1920년대에 정해졌습니다. 제1차 세계대전 후 여성의 사회진출이 활발해지면서 신발이 규격화됐기에 그렇습니다. 기계문명은 규격을 낳고, 규격은 사람의 생각을 고정시키는 모양입니다.

한편, 인체 과학적으로 보면 하이힐은 건강에 좋지 않습니다. 몸의 중심이 앞으로 쏠리기 때문이지요. 그럼에도 여성은 자기만족을 위해 하이힐을 신고 있습니다.

53·54 일째

가방 : 들고 다닐 수 있는 보관함

"가방이란 말의 어원은 뭘까?"

"중국어 캬반이래."

"네덜란드어 카바스(kabas)라던데."

가방의 어원은 확실하지 않으나 어느 것이든 '물건을 넣어서 들고 다니는 것'이라는 뜻은 공통적입니다. 서양문물이 중국에 전해졌을 때 네덜란드의 휴대용 물품 주머니 카바스가 중국어 '캬반'이 되었고, 캬반이 우리나라에 들어와 '가방'으로 발음됐으리라 여겨집니다. 가방을 뜻하는 영어 '백(bag)'은 '자루'를 뜻하는 스칸디나비아어 배기(baggi)에서 유래됐고요.

가방의 역사는 꽤 오래되었습니다. 기원전 9세기경 아시리아의 고대 유적에 새겨진 날개 달린 신상(神像)의 손에도 네모난 손가방이 들려 있으니까요. 이처럼 가방은 고대부터 있었지만, 많은 사람이 사용하기까지 오랜 시간이 걸렸습니다.

흥미롭게도 서양의 경우 신분계층에 따라 사용하는 가방의 크기가 달랐습니다. 예부터 작은 가방엔 귀족들이 돈이나 보석을 넣고 다녔는데, 이 가방은 아름답게 장식되어 눈길을 끌었습니다. 이에 비해 큰 가방은 서민이 간단한 물건이나 빵·술 등을 넣고 다녔습니다. 이런 가방은 상인·병사·기술자들이 사용했으며 점차로 개량되었습니다.

사실 문화권에서 대부분의 옛날 사람들은 돈을 천·가죽으로 만든 동전주머니에 넣고 다녔습니다. 왜냐하면 가방이나 바지주머니가 없었기 때문입니다. 우리나라의 경우 전대에 돈을 보관했습니다. '전대'란 돈이나 물건을 넣고 허리에 차거나 어깨에 메게 만든, 폭이 좁고 긴 자루를 말합니다. 그나마 전대는 상인들이나 애용했으며, 양반들은 돈 만지는 걸 기피하여 아예 손을 대지 않았습니다. 또한 흔한 물건은 보자기로 쌌고, 조금 귀한 것은 그에 맞는 휴대용 상자에 넣어 평민이나 하인이 갖고 다녔습니다.

그런 점에서 19세기는 가방의 역사에서 혁신적인 시대였습니다. 19세기 중엽은 유럽에서 인권이 신장되고 철도가 보급된 시기로써, 신분이 평등해지자 여행하는 사람들이 늘어났습니다.

"이것들을 어떻게 갖고 가지? 꼭 필요한데."

"여행용 가방이 있었으면 좋겠다."

프랑스의 루이 비통은 그런 변화를 알아채고 1854년 '루이 비통' 사를 창업했습니다. 그는 여행용품을 자세히 구분해서 넣을 수 있게끔 작은 화장 가방에서 큰 옷 가방까지 다양화했습니다. 이 가방은 이내 여행하는 사람의 자랑 섞인 상징물이 되었습니다. 루이 비통은 또한 기차 화물칸에 쉽게 쌓아 올릴 수 있는 평평한 트렁크를 개발하여 큰 성공을 거두었습니다. 당시에 평평한 트렁크는 독창적인 발상이었으며 이후 루이 비통은 고급 가방의 대명사가 됐습니다.

　이때부터는 귀족·평민 할 것 없이 큰 여행가방을 가지고 다녔습니다. 차이가 있었다면 귀족은 하인을 데리고 다녔고, 그보다 경제적 여유가 적은 서민은 직접 가방을 가지고 다녔다는 것뿐입니다. 물론 왕족은 여전히 자신만을 위해 특별히 제작된 여행가방을 가지고 다녔지만, 그것은 특수한 예외일 뿐 여행가방은 폭넓게 번져나갔습니다.

　여성들이 애용하는 핸드백은 20세기 들어 대중화됐습니다. 20세기의 핸드백은 상류층 여성이나 영화배우들이 유행을 이끌었습니다. 여성의 사회활동과 맞물려 핸드백은 부담 없는 일상용에서부터 품위 있는 정장용, 가벼운 나들이용, 화려한 파티용에 이르기까지 더 다양해졌습니다.

　우리나라에는 19세기 말엽, 양복·양장과 함께 서양식 가방이 들어왔습니다. 개화기 이후 가방은 보자기, 전대, 상자 등을 빠르게 밀어냈으며 오늘날 가방은 물건을 가지고 다닐 때 필수품처럼 이용되고 있습니다.

55·56일째

자물쇠 : 안전하다는 믿음을 주는 잠금장치

조선시대 때 일입니다. 영조는 사도세자에게 뒤주(곡식 담는 상자)에 들어가도록 명했습니다. 세자가 뒤주에 들어가자, 영조는 손수 뚜껑을 닫고 자물쇠를 잠갔습니다. 뿐만 아니라 큰 못을 박은 다음 동아줄로 단단히 묶었습니다. 결국 세자는 뒤주에 갇힌 지 9일째 되던 날 죽었습니다. 임오화변(壬午禍變)이라 불리는 이 사건은 권력의 세계가 얼마나 비정한지 일러주는데, 여기서 자물쇠는 '출입금지'를 상징합니다.

1940년 독일군이 프랑스를 침입했을 때 일입니다. 독일군인은 광견병 백신 발명자 파스퇴르의 묘소에 쳐들어와서는 수위에게 총을 겨누며 지하묘소를 열라고 명령했습니다. 하지만 수위는 "절대로 열쇠를 내줄 수 없다"라고 외치며 스스로 목숨을 끊었습니다. 뜻밖의 사태를 맞이한 독일군은 감동한 나머지 파스퇴르 묘소를 손대지 않았습니다.

사실 열지 못할 자물쇠는 없습니다. '자물쇠'는 보는 사람으로 하여금 '열기 어려움'이라는 강한 인상을 줄 뿐입니다. 시각 효과상 아예 시도할 엄두를 내지 못하도록 하는 것이지요.

"자물쇠가 아주 튼튼해."

"열쇠가 없으니 자물쇠를 풀 수가 없겠군."

그러하기에 영국 작가 코난 도일은 추리소설의 주인공 탐정 이름을 정할 때

고심하다가 '셜록 홈스(Sherlock Holmes)'라고 지었습니다. sherlock은 '도자기 파편'을 의미하는 sherd(셔드)와 '자물쇠'를 뜻하는 lock(락)의 합성어입니다. '도자기 조각으로 자물쇠를 여는 사람'이란 뜻이며, 사건 해결의 의지를 역설적으로 강조하는 단어이지요. 이에 연유하여 Sherlock은 오늘날 '작은 단서로 사건을 해결하는 사람', '사립 탐정', '명탐정'을 뜻하는 말로 쓰이고 있습니다. 자물쇠는 언제 생겼을까요?

"간밤에 또 도둑이 들었네."
자물쇠는 도둑질을 막기 위해서 생겼습니다. 그렇지만 초기에는 '안전하게 지

킴' 보다는 '열지 못함' 이라는 상징적 개념이 강했습니다. 고대 이집트의 경우 창고 문에 달린 빗장에 나무를 깎아 만든 자물쇠를 설치해서 출입을 못하는 곳이란 표시만 했거든요.

"음, 여기는 함부로 열면 안 되는 곳이군."

고대 그리스인 역시 고리(혹은 낫) 모양의 철제 열쇠로 열 수 있는 단순한 자물쇠를 사용했습니다. 똑같진 않더라도 비슷한 고리를 구해서 빗장에 걸어 당기면 열리는 구조였지요. 이런 자물쇠는 상징적 느낌으로써만 잠금장치이지 안전성은 낮았습니다.

"우리는 보다 안전한 자물쇠를 쓰자."

고대 로마인은 자물쇠 안쪽의 구멍 주위에 작은 홈을 만들어 그에 맞는 돌기가 달린 열쇠가 있어야만 열리도록 만들었습니다. 이 자물쇠는 아무나 열 수 없었기에 무엇을 지키는데 효과를 보았습니다. 다시 말해 로마시대에 이르러서야 자물쇠가 도난방지장치로써 널리 쓰였습니다. 중세와 르네상스시대에는 손가락 끝을 벨 수 있는 날카로운 칼날을 덧붙인 자물쇠도 나왔습니다.

17세기에는 영국에서 문자 맞춤식 자물쇠가 선보였습니다. 문자나 숫자가 새겨진 여러 고리를 한 줄로 맞춰야만 고리 안쪽의 홈들이 연결되어 열리도록 한 구조였지요. 이 자물쇠는 후에 다이얼 자물쇠로 이어졌고, 주로 금고에 설치되었습니다. 열쇠구멍이 없으므로 도둑이 폭약을 집어넣어 터뜨릴 수 없기 때문이지요.

산업혁명 이후에는 복잡한 구조의 자물쇠가 여럿 발명됐고, 지금은 암호 자물쇠에서 지문인식 자물쇠에 이르기까지 갖가지 형태의 첨단 자물쇠가 있습니다. 그러나 기본적으로 문을 잠그는 것일 뿐 완벽한 보안은 아닙니다. 그럼에도 불구하고 자물쇠는 심리적으로 안도감을 주는 까닭에 여전히 쓰이고 있답니다.

57·58 일째

깡통 : 오랜 시간 음식을 보관할 수 있는 특수용기

Nicolas Appert

"쟤는 머리가 깡통이야."

위와 같은 말은 두뇌가 좋지 않거나 공부를 하지 않아 멍청하다는 뜻입니다. 속이 빈 깡통의 모습에 빗댄 표현이지요.

'깡통'은 양철로 만든 통조림통 따위의 빈 통을 일컫는 말입니다. 단어 자체는 쇠붙이로 만든 속 빈 밀폐용기인 '캔(can)'과 캔에 해당하는 한자어 '통(桶)'이 합쳐져서 만들어졌고요. 양철 깡통이라는 말도 있는데, 여기서의 '양철'은 안팎에 주석을 입힌 얇은 철판을 가리키며 통조림통·석유통 등을 만드는데 쓰입니다. 서양에서 들어왔다 하여 '서양철'로 불리다가 '양철'이 됐습니다. 통조림을 영어로 '틴 플레이트(tin plate)'라고도 하는데 여기서, '틴'은 '주석'을 뜻합니다. 예전에는 깡통을 주석으로 만들었던 데서 관습화된 단어입니다.

"전투가 아니라 영양부족으로 쓰러지는 병사가 너무 많아."

깡통은 프랑스의 나폴레옹 덕분에 세상에 등장했습니다. 당시 프랑스는 계속된 전쟁으로 인해 신선한 음식물이 부족해지자 장기간 종군한 병사들이 괴혈병에 걸리곤 했습니다. 나폴레옹은 그 문제를 해결하고자 거액의 현상금(1만2천 프랑)을 내걸고 독창적인 묘안을 찾은 것입니다.

"영양이 완전한 상태로 음식물을 보존할 수 있는 혁신적인 방법을 찾습니다."

기대와 달리 이 상금은 14년째 금고에서 잠을 잤습니다. 마땅한 응모안이 없었거든요. 그러던 1795년의 어느 날 프랑스 파리에 사는 니콜라스 아페르라는 사람이 여러 차례의 실험 끝에 효과적인 방법을 알아냈습니다. 그는 유리병에 식품(조리된 과일, 채소, 고기)을 집어넣고 끓는 물속에 오래 담가두어 박테리아를 죽인 다음 내용물이 상하지 않도록 유리병을 밀봉했습니다. 그는 1810년에 발표한 〈저장술〉이라는 글에서 이 방법을 공개했고 이 글은 삽시간에 영어를 포함한 여러 나라 말로 번역됐습니다. 이로써 통조림의 원리가 밝혀졌습니다.

"이런, 실수로 병을 떨어뜨렸네."

하지만 아무리 밀폐가 잘 되었다 하더라도 병은 깨지기 쉬웠습니다. 그리고 유리병은 저장된 음식을 특정한 장소까지 가져가는데 어려움이 많았습니다. 특히 군인들이 격전을 벌이는 전쟁터, 탐험가들이 헤쳐 나가는 험난한 곳은 운반 도중 유리병이 깨질 확률이 높았습니다.

1810년에 영국 런던의 상인 피터 듀란트는 '양철 깡통'에 음식을 저장함으로써 이런 문제를 없애는데 성공했습니다. 듀란트는 즐겨 마시던 홍차 차통에서 착안하여 세계 최초로 양철 통조림을 만든 것입니다. 홍차(혹은 녹차) 차통과 통조림 모양이 비슷한 이유가 여기에 있습니다.

1812년 영국에서 최초의 통조림 공장이 문을 열었고, 이때부터 통조림은 유리병에서 양철로 재질이 바뀌었습니다. 이어 통조림 수요가 늘어나면서 영국의 주석 광산이 바닥났습니다.

"새로운 깡통 재질을 연구해야겠어."

그 결과 1850년대 말 재질이 강철로 바뀌었습니다. 깡통 두께가 전보다 얇아져 모양이 찌그러질 염려가 있었으므로 모서리에 둥근 테두리를 덧붙였습니다. 요즘도 강철 깡통을 보면 종이 상표 밑에 가려져 있는 부분이 물결 모양으로 움푹 들어가 있는데, 이것은 유통 과정에서 온도 변화에 따라 통의 모양이 변형되는 걸 막기 위한 조치입니다.

어찌됐든 양철 통조림은, 영국 육군과 해군 병사들에게 집에서 만든 것과 같은 음식을 날라다 먹일 수 있는 훌륭한 수단이 됐습니다. 깡통에 담긴 육류·수프·채소들은 1812년 영미(英美)전쟁 중 영국 해군에 공급되어 큰 성공을 거두었지요. 1860년대의 남북전쟁 중에도 통조림 수백만 개가 남북 양쪽 진영에 공급되면서 통조림 제조가 미국에 널리 퍼졌습니다.

통조림은 음식을 장기간 보존할 수 있어서 인류의 식량 보존에 큰 도움을 주고 있습니다.

59·60 일째

박물관 : 한눈에 볼 수 있는 동서고금 세계여행

"박물관 구경이 무척 재미있어. 별별 게 다 있으니까."
"박물관은 언제 생겼을까?"

그 유래는 고대 그리스 신전으로 거슬러 올라갑니다. 고대 그리스에서는 각 지역 시민들로부터 받은 진귀한 물건을 신전에 보관한 다음, 사람들에게 개방하여 언제든지 그 전시품들을 보면서 신을 찬미하도록 했습니다. 여러 지역의 명물을 모아놓았단 점에서 최초의 박물관인 셈이지요.

그러나 본격적인 박물관은 15세기 르네상스 때 시작됐습니다. 당시 이탈리아 피렌체의 유명한 귀족 가문인 메디치를 비롯한 여러 왕궁과 저택에서 방문객에게 예술품을 공개함으로써 '미술품 감상 풍토'가 생겼으니까요. 예술을 이해하는 건 사람이 짐승과 다르다고 할 수 있는 분명한 차이점이었으므로 교양인이라면 마땅히 예술에 관심을 가졌던 것입니다.

17~18세기에 미술품을 보고 싶어 하는 사람들이 급격히 늘자, 그 열기에 힘입어 영국박물관(1759년)과 루브르박물관(1793년)이 설립됐습니다. 특히 루브르박물관은 프랑스 역대 왕실의 소장품을 1750년부터 일부 공개했으며, 미술품에 중점을 두었습니다. 미국 뉴욕의 메트로폴리탄박물관(미술관)은 1870년 뒤늦게 문을 열었으나 방대한 규모로 인해 앞서 두 박물관과 함께 현재 세계 3대 박물관으로 손꼽히고 있습니다.

그런데 박물관은 사실상 미술관이나 다름없습니다. '박물관'은 역사·예술·민속·자연·과학 등에 관한 자료를 한데 모아 전시한 공간을 말하고, '미술관'은 갖가지 미술품을 모아 전시한 공간을 가리키는 말이지만 일반적으로 섞어 쓰고 있지요. 왜냐하면 박물관에서 가장 높은 비중을 차지하는 게 미술품인 까닭입니다. 세계 각국에는 수많은 박물관이 있지만 그 중에서도 〈모나리자〉를 비롯한 값진 미술품이 많기로는 루브르박물관이 유명합니다.

박물관은 고대 문명시대 때 진기한 수집품들을 모아 전시하는 공간으로 탄생했지만, 일반인에 공개되는 문화적 물품을 소장하는 건물을 지칭하는 말로 쓰이기 시작한 건 19세기에 들어서의 일입니다. 예전에는 국왕들이 자신만의 특별한 혜택을 만끽하면서 이국적 풍물을 감상하고자 진귀한 물품을 모았다면, 근대 들어서는 대중에게 자극을 주기 위함은 물론 다른 문화권에 대한 이해를 추구하기

위해 유물을 전시한다는 차이가 있습니다.

  19세기 초, 특히 중부 유럽에서는 국민의식이 높아지면서 박물관 설립이 촉진됐습니다. 1802년 헝가리 페스트에 국립박물관, 1818년 체코슬로바키아 프라하와 오스트리아 빈에 국립박물관이 세워졌습니다. 1845년 영국에서도 박물관이 인기를 끌었으나, 이 무렵의 박물관은 '유물' 보다는 '희귀성'에 중점을 둔 전시가 주종을 이루었습니다. 예컨대 〈올드 브리티시 뮤지엄〉의 경우 1845년 기린·코뿔소·코끼리·원숭이 등을 박물관 내에 전시하였고, 런던 시민은 가족나들이 삼아 이곳을 즐겨 찾았습니다. 따라서 이때의 박물관은 꼭 사물에만 초점을 맞추지 않고 동물이라도 신기하면 전시할 수

Louvre Museum

있는 대상으로 택했습니다.

　19세기 중엽 만국박람회를 계기로 박물관은 현재와 같은 체계를 갖추었습니다. 1851년 영국 런던에서 개최된 세계 최초의 국제박람회에 출품된 각국 전시품에 사람들이 폭발적 관심을 보이자, 박람회 폐회 이후에 그 전시품들을 박물관으로 옮겨 전시하게 된 것이지요. 이후 박물관은 문화인의 자랑이자 지적 호기심을 채워주는 가족나들이 장소로 사랑받았고, 유럽에서는 박물관 설립이 활발해졌습니다.

　20세기 이후에는 일정한 주제 아래 전문화되었으며, 현재 박물관은 고대와 현대를 이어주는 보물창고로 여겨지고 있습니다. 더불어 박물관은 눈으로 보여주는 다양한 언어라고도 말할 수 있습니다.

CANADA
UNITED STATES
North
Atlantic
Ocean
PORTUGAL
SPAIN
VENEZUELA
COLOMBIA
ECUADOR
PERU
BRAZIL
BOLIVIA
PARAGUAY
CHILE
ARGENTINA
South
Atlantic
Ocean

제4장
교통

61·62일째 바퀴 : 구르는 둥근 돌에서 찾은 이치 **63·64일째** 마차 : 평소에는 4륜, 전투에서는 2륜 **65·66일째** 자전거 : 모든 동력기계의 원리를 갖춘 친환경 교통수단 **67·68일째** 기차 : 말보다 빠른 최초의 차 **69·70일째** 배 : 물에 길을 만들다 **71·72일째** 자동차 : 동물 없이 저절로 움직이는 차 **73·74일째** 비행기 : 철새의 움직임에서 파악한 비행원리 **75·76일째** 지하철 : 지하세계를 뚫고 다니는 도시민의 발 **77·78일째** 잠수함 : 고래를 닮은 해저 이동선 **79·80일째** 우주선 : 환상과 상상을 찾아 떠나는 색다른 관광

61·62일째

바퀴 : 구르는 둥근 돌에서 찾은 이치

"자, 빨리 돌들을 저쪽으로 옮깁시다."

아주 오래전에 돌을 옮겨야 할 일이 있었습니다. 되도록 큰 돌을 가져가는 게 유리한 상황에서 저마다 팔로 들거나 등에 짊어질 수 있는 돌을 찾아 끙끙거리며 날랐습니다. 그때 한 사람이 둥글고 납작한 돌을 들려다가 적은 힘으로도 살짝 돌아가며 움직인다는 것을 알았고, 조심스레 한 바퀴 굴려보니 비교적 쉽게 돌을 옮길 수 있었습니다. 둥근 돌에 대한 깨달음을 얻는 순간이었습니다.

"둥근 돌이 각진 돌보다 잘 굴러가는구나."

인류는 언제부터 둥근 돌을 굴렸을까요? 그에 대해서는 학자마다 설명이 다릅니다.

"쇠똥구리가 쇠똥을 굴리는 걸 보고 떠올렸을 거라 생각합니다."

"사람이 팔을 크게 휘휘 저으며 돌리는 운동에서 착안했을 겁니다."

"우연히 둥근 돌을 굴린 후 그 이치를 알게 됐을 것입니다."

어떤 설이 맞는지 정확히 알 수 없지만 고대 유물유적에 둥근 돌이 많은 걸로 미루어보아 둥근 돌이 특별하게 쓰였음은 분명합니다. 그리고 그 특별함은 바퀴의 발명으로 이어졌으니 바퀴는 둥근 돌과 역사를 같이 시작했습니다.

'바퀴'는 잘 돌아갈 수 있도록 둥글게 만든 물건을 가리키는 말입니다. 바퀴는 연속동작이 가능해서 적은 힘으로 무거운 물건을 나르는데 유용합니다. 하여 인류는 물리학적 지식이 없을 때부터 이 같은 사실을 발견하고 생활에 응용했습니다.

바퀴에 대한 가장 오래된 기록은 기원전 3천5백 년경 티그리스·유프라테스 강 유역에 거주하던 수메르인이 남겼습니다. 그들은 전쟁에서의 승리를 자축하며 벽화에 전차용 통나무 바퀴를 자랑스레 그려 넣었거든요. 당시로써는 신무기였던 전차 덕분에 이겼으니 전차를 굴러가게 한 바퀴는 당연한 자랑거리였을 것입니다.

둥근 물체는 왜 각진 물체보다 잘 구를까요? 그 이유는 원형 물체는 사각형처럼 각진 물체보다 상대적으로 작은 면적이 지면에 닿아 마찰로 빼앗기는 힘이 적은데 있습니다. 삼각형보다 사각형이, 사각형보다 오각형 물체가 더 잘 구르는 이유가 여기에 있습니다.

그럼 둥근 물체는 왜 각 진 물체보다 연속적으로 더 잘 구를까요? 그건 중력과 관계있습니다. 전체 크기에 비해 바닥 면적이 작은 물체는 지구가 잡아당기는 중력 때문에 아래로 넘어지려는 힘을 갖는데, 이때 둥근 물체는 움직여도 똑같은 모양이므로 연속작용이 일어나 구르게 되는 것입니다.

"이것 좀 가볍게 할 수 없을까?"

바퀴는 기원전 2천 년경 획기적으로 변했습니다. 수메르인이 널빤지 세 개로 만든 합판바퀴가 너무 무거운 데 따른 보완책을 찾아낸 것입니다. 우선 빨리 닳는 나무바퀴 테두리에 가죽으로 테를 둘러 못으로 고정시켰고, 이윽고 구리로 테두리쇠를 만들어 바퀴를 튼튼히 했습니다. 그러나 그보다 큰 변화는 '바퀴살'이었습니다.

"바퀴 통에서 테를 향해 부챗살 모양으로 가느다란 막대기를 뻗쳐보자."

그렇게 했더니 바퀴의 무게는 가벼워지고 속도는 더 빨라졌습니다. 바람으로 인한 공기의 저항이 줄어든 결과였습니다. 바퀴살은 바퀴를 크게 만드는 일도 한결 쉽게 해주었고, 이 바퀴들은 서로 연결되었기에 양쪽 바퀴가 한꺼번에 돌 수 있었습니다.

바퀴 덕분에 수레가 발명됐고, 수레는 운반혁명으로 이어졌습니다. 이전에는 동물이나 사람이 직접 물품을 날랐으나, 수레는 더 많은 물품을 훨씬 간편하게 옮기게 해줬습니다.

바퀴는 산업혁명도 도와주었습니다. 각종 기계가 만들어지면서 톱니바퀴 혹은 축을 중심으로 회전하는 역할과 기능이 빠르게 발전했으니까요. 시계에서부터 자동차와 컴퓨터에 이르기까지 수많은 기계에 다양한 방법으로 바퀴가 쓰였습니다. 바퀴는 순환의 원리를 응용한 발명품입니다.

63·64 일째

마차 : 평소에는 4륜, 전투에서는 2륜

"사람이 이걸 옮기려면 여러 모로 힘들었을 텐데, 소가 있어서 다행이야."

인류는 동물이 끄는 수레를 발명하고는 무거운 짐에 대한 부담을 크게 덜었습니다. 힘센 소가 묵묵히 물건들을 옮겨주었으니 말입니다. 그런데 소는 동작이 느렸습니다. 하여 말에게 그 임무를 맡기기 시작했습니다. 소보다 훨씬 빠르고 다루기 쉬웠기 때문입니다. 소가 끌든 말이 끌든 짐수레를 영어로 똑같이 cart(마차)라고 말하는 이유도 여기에 있습니다.

"확실히 말이 끄니까 빠르네."

그런데 말은 짐수레를 끄는 것보다 전투에서 더 큰 능력을 발휘했습니다. 말 뒤에 수레를 연결한 전차(戰車)가 순식간에 적진을 무너뜨렸으니까요. 기원전 2천 년경 서아시아 전투에 처음 등장한 2륜 전차는 말의 속도감과 수레의 기동성을 결합시킨 절묘한 무기였고, 창조적 응용력의 힘을 확실히 보여주었습니다.

"앗, 말 탄 병사들이 너무 빠르다."

그러다가 기원전 8세기경 기마병이 생기자 전투 양상이 바뀌었습니다. 놀라운 속도의 기마병은 싸움에서 큰 역할을 했거든요. 이에 대응하고자 마차는 두 가지 용도로 만들어졌는데 평상시에는 4륜마차, 전투에서는 2륜마차를 썼습니다. 바퀴가 2개 달린 마차는 안정감은 부족하나 속도가 빠르고, 바퀴가 4개 달린 마차는 속도는 느리지만 안정감이 높았던 까닭입니다.

　그런 점에서 고대 로마인은 '마차의 제왕' 입니다. 로마인은 최고의 측량술과 공학기술을 이용해 잉글랜드 북쪽 하드리아누스 성벽에서부터 아프리카 에티오피아 국경에 이르기까지 마차가 신속히 다닐 수 있게끔 도로를 건설했습니다. 이 도로를 통해 병사의 출동 시간을 줄이고 칙령이나 상품을 순식간에 이동시킴으로써 제국 전체를 지배할 수 있었습니다. 이런 문화를 배경으로 하여 '모든 길은 로마로 통한다' 라는 속담도 생겼습니다.

　"자, 마차를 타고 서부로 가자!"
　마차는 아메리카대륙에서 백인들이 서부를 개척할 때 주요한 이동수단으로 활용됐습니다. 많은 가족이 마차를 타고 서부로 가서 살았습니다.
　그런가하면 마차는 권위를 과시하는 용도로도 쓰였습니다. 고대 수메르에서 4륜마차는 통치자의 영구차(시체 넣은 관을 실은 차)로 쓰였는데 이는 훗날, 유명한 사람이 죽었을 경우 품위가 있는 자동차에 운구(시체를 운반)하는 관습으로 이어졌습니다.

 귀족의 힘이 강했을 때는 화려한 마차가 자랑스러운 탈것으로 이용됐습니다. 16세기 유럽에서는 덮개 있는 마차가 등장하여 '코치(coach)'라 불리며 귀족의 사랑을 받았습니다. 마차를 몰려면 말을 키워야 하는데, 서민들은 그럴 형편이 못되었으므로 그저 마차를 탄 귀족을 부러워만 했지요.

 "정말 멋진 마차다!"

 또한 영국에서는 귀족이 왕궁에 갈 때 반드시 마차를 타는 관습이 행해졌습니다. 이런 전통은 현재도 지켜져서 외국 대사가 영국에 부임하여 여왕에게 신임장을 제출할 경우, 영국 왕실에서는 검은색 마차 3대를 대사에게 보내어 그걸 타고 버킹엄궁전에 오게끔 합니다. 이 관습은 14세기 이래 6백년 넘도록 계속되고 있으며, 민주주의가 보편화된 오늘날에도 여전히 권위를 추구하는 상류층의 정서를 대변하고 있습니다.

이에 비해 우리나라에서는 산이 많은 특성 때문에 마차가 활성화되지 못했습니다. 마차는 평지에서는 효율성이 높지만 언덕에서는 위험하고 불편합니다. 구한말(舊韓末), 마차를 처음 본 고종은 즉시 일본에 주문하여 사들였으나 타고 갈 데가 없어서 그 마차를 몇 번 타보지는 못했습니다.
　마차는, 어떤 물건이든 그 쓰임새에 따라 가치가 더해지거나 불필요한 존재가 될 수도 있음을 잘 보여주고 있습니다.

65·66일째

자전거 : 모든 동력기계의 원리를 갖춘 친환경 교통수단

"비켜주세요, 빨리 비켜요!"

바퀴 달린 무언가를 탄 채 내리막길을 내려오던 이가 다급하게 외칩니다. 사람들은 깜짝 놀라 자리를 피했으나 그는 결국 중심을 잃고 넘어졌습니다. 자전거를 연구하던 초기에 브레이크가 없어 벌어진 풍경입니다.

자전거는 사람의 힘으로 바퀴를 회전시켜 움직이는 2륜차를 말하는데 오늘날과 같은 기본적인 형태를 갖추게 된 건 20세기 초엽의 일입니다. 그 전에 레오나르도 다빈치가 스케치를 남겼고, 18세기에는 프랑스·독일에서 몇몇 사람들이 목마 다리에 나무바퀴 2개를 이어 붙인 새로운 교통수단을 선보였으나, 페달이 없어 두 발로 열심히 땅을 차서 굴려야 움직이는 그야말로 초보적인 자전거에 불과했으니까요.

'발을 땅에 딛지 않은 채 계속 바퀴를 구르게 할 수는 없을까?'

이런 의문을 품은 여러 발명가들이 19세기 중엽에 페달을 선보였고 몇 차례의 개량을 거쳐 19세기 말엽 앞뒤 바퀴의 크기가 똑같고 체인구동식인 자전거를 만들어내기에 이르렀습니다. 더불어 금속바퀴와 바큇살, 브레이크와 고무타이어, 그리고 속도 조정 변속장치가 보완되어 자전거는 비로소 완전한 형태를 갖추었지요.

발명 초기 단계의 옛날 자전거들을 보면 앞바퀴가 뒷바퀴보다 훨씬 큰 경우가 많습니다. 반면에 현재의 자전거는 하나같이 앞뒤 바퀴 크기가 같습니다. 왜 그럴까요? 그 이유는 큰 바퀴를 작은 바퀴와 같은 속도로 유지하려면 더 큰 힘이 드는데 있습니다. 일단 속도가 같아진 다음에는 속도를 유지하는 데 큰 바퀴가 덜 힘들지만 그러기까지 에너지 소모가 많으므로 바퀴 크기를 같게 만드는 것입니다.

그런데 자전거는 문화권에 따라 전혀 다른 쓰임새를 보입니다. 유럽에서는 스포츠·레저용으로 이용되는 반면 개발도상국에서는 주요 교통수단으로 적극 활용됩니다. 이런 차이는 어디에서 비롯된 걸까요?

19세기 중엽 서양의 경우, 자전거는 여유로운 사람들의 취미였으며 주로 귀족층 젊은 여성들이 애용했습니다. 당시 자전거가 소량 생산된 탓에 가격이 비쌌으므로, 자전거를 타고 다니는 건 돈이 많다는 자랑이기도 했습니다.
"나도 말처럼 빨리 다니는 자전거를 타보고 싶다."
하지만 자전거에 대한 관심이 커지면서 19세기 말엽 자전거가 대량 생산됐고 그 열풍이 중류층에게까지 번졌습니다. 이때 자전거는 그동안 말을 소유하지 못했던 중·하류층 사람들에게 대리 만족감을 주었으므로 너도 나도 자전거를 소유하려 애를 썼습니다. 이런 정서는 현재까지 이어져 유럽에서는 즐거운 오락으로서 자전거를 즐기는 사람이 많습니다.
이에 비해 동양에서의 자전거는 서민의 교통수단으로 널리 이용되었으니 이는 가난의 산물이라 할 수 있습니다. 당장의 끼니를 해결하기 바쁜 사람들에게 자전거는 삶의 여유를 즐기는 레저수단이 아니라 생계에 도움이 되는 교통수단일 수밖에 없었던 거지요. 자전거와 수레를 결합한 형태인 베트남의 시클로, 인도의 사이클릭샤가 대표적인 예입니다. 현재도 손님을 태우고 거리를 달리고 있습니다.
자전거는 자동차 발명에 큰 도움을 줬다는 점에서도 높이 평가해야 합니다. 자전거는 동력기계의 기본 원리를 모두 갖고 있는바, 바퀴·바큇살·핸들·회전축·페달·기어의 구성방식이 오토바이나 자동차에도 그대로 적용되고 있으니까요. 다른 교통수단과 차이가 있다면 엔진이 인체라는 사실뿐입니다.

또한 자전거는 화석연료를 쓰는 교통수단과 달리 공해를 일으키지 않아 친환경적이며, 타는 동안 자연스럽게 운동이 되는 일석이조의 효과를 줍니다. 한 연구결과에 따르면 자전거를 탈 때의 인체는 그냥 걸을 때보다 5배 정도 더 효율적인 엔진이 된다고 합니다. 이처럼 자전거는 단순해 보이지만 과학적이고 합리적이기에 인류 과학사 중 가장 멋진 발명품으로 평가받고 있습니다.

67·68 일째

기차 : 말보다 빠른 최초의 차

"일이 안 풀리면 어쩌지?"
"여보, 너무 불안해하지 마세요."
1928년 아내와 함께 뉴욕에서 할리우드로 가는 기차에 올라탄 월트 디즈니는 몹시 불안해했습니다. 앞날이 불투명한 탓이었습니다. 그런데 그는 기차 안에서 아내와 이런저런 이야기를 나누다가 갑자기 쥐를 주인공으로 한 만화영화 착상을 얻었습니다. 유명한 캐릭터 미키마우스가 이때 태어났으니 '미키마우스'는 디즈니가 기차여행을 하던 중 얻은 행운인 셈입니다.

George Stephenson

'기차'는 증기기관을 원동력으로 하여 궤도 위를 운행하는 차량을 가리키는 말입니다. '열차(列車)'라고도 하는데, 한자어 列(늘어놓을 열)에서 짐작할 수 있듯 기관차에 화차·객차 등을 달아 화물·여객을 실어 나르는 데서 비롯된 명칭이지요.

칙칙폭폭. 칙칙폭폭.

1814년 영국 기술자 스티븐슨이 증기기관차를 발명함으로써 기차시대가 열렸고, 이후 내륙지방 물자를 항구까지 옮기기 위해 전국적으로 철도를 건설했습니다.

"한 번에 많은 물자를 옮길 수 있어 너무 좋네."

"게다가 말보다도 빨리 달리잖아."

기차는 물품 유통에 큰 공헌을 했습니다. 그때까지 인류가 만든 교통수단 중 '말보다 빠른 최초의 탈것'인 동시에 대량수송을 가능하게 한 교통수단이었으니까요. 석탄이나 곡물 같은 무거운 물건은 이제 어느 지역으로든 간편히 이동시킬 수 있게 됐습니다.

"사람도 태우면 어떨까?"

얼마 지나지 않아 기차는 여객차로 선보였고, 대중에게 반가운 교통수단으로도 사랑받게 되었습니다. 마차나 자동차가 없는 사람들도 먼 곳까지 보다 수월하게 나들이할 수 있게 되었지요.

"우리는 기차가 싫다!"

한편으로 기차는 저주의 대상이기도 했습니다. 유럽인은 북아메리카대륙을 정복하는 과정에서 기차를 효과적으로 이용했으나, 그에 비례하여 아메리카 원주민은 점차 삶의 터전에서 밀려나야 했기에 그 반발로 기차를 공격하곤 했습니다다. 원주민에게 기차는 약탈자들을 위한 교통수단일 뿐이었지요. 하여 원주민이 말을 타고 기차를 공격하는 풍경을 미국 서부영화에서 종종 찾아볼 수 있는 것입니다.

기차에 관해 아픈 기억이 있기는 우리나라도 마찬가지입니다. 구한말(舊韓末), 쇠약한 국력 탓에 근대국가의 힘을 상징하는 철도를 미처 갖지 못한 우리나라는 1897년에야 경인선을 처음 착공했습니다. 그나마 기초자본이 부족해 철도 부설권 대부분을 일본으로 넘겨주었지요. 그 바람에 한반도는 순식간에 일본의 대륙침략 통로가 되는 수모를 겪었고, 철광석을 나르는 자원 수탈 기차를 비판한 민요도 생겼습니다. 1905년 일본이 경부선을 개통했을 때 그 기점(부산역)을 관부연락선이 닿던 부산세관 앞으로 했던 이유도 부산을 대륙침략을 위한 물류 전초기지로 삼은데 있습니다.

그런가하면 기차는 신분·지위체계를 서서히 무너뜨리는 역할을 하기도 했습니다. 말이나 마차는 귀족 전유물이었지만 기차는 신분에 관계없이 돈만 내면 누구나 같은 공간에 탈 수 있었기 때문입니다. 물론 부분적으로 특별한 신분을 위한 열차 공간이 있었지만 그건 극히 제한된 사람들만을 위한 일이었을 뿐 대다수는 돈으로 자리를 살 수 있었습니다.

기차는 증기기관에서 디젤기관과 전기기관으로 발전하면서 시속 100km를 돌파했고, 현재는 시속 300km로 달리는 초고속열차가 프랑스·일본·우리나라에서 운행되고 있습니다. 초고속열차는 단순히 속도만 빠른 게 아니라 생활권을 크게 단축했다는 점에서 의의가 큽니다. 오가느라 이틀이 걸릴 일을 하루 만에 해결해주니까요.

69·70일째

배 : 물에 길을 만들다

"강을 건너 저쪽으로 갈 방법이 없을까?"

인류는 물을 확보하기 위해 큰 강 근처에 마을을 이뤘는데, 그와 더불어 강을 이용한 운송수단을 생각했습니다. 최초의 배는 통나무였습니다. 물에 뜬 나무를 타고 강을 건넌 것이지요. 그러다 굵은 나무줄기를 여러 개 묶어서 뗏목을 만들었고, 차차 나무를 다듬어 안전하게 사람을 태울 수 있는 배를 제작했습니다.

"막대를 힘차게 저어!"

"생각보다 어렵네."

초기의 배는 패들(길이는 짧고 폭은 넓은 노)을 사용했으나 생각만큼 효율적이지 못했습니다. 하여 그 단점을 보완해서 길고 폭이 좁은 노를 만들었습니다. 배 만드는 기술이 발달한 뒤에는 양편에 사람들이 열을 지어 노를 젓는 큰 배가 나왔습니다. 덕분에 배가 커졌어도 그 속도는 빨라졌습니다.

"여러 사람이 노를 저으니 배의 속도가 빨라졌어."

"대신에 공간이 줄어들었네."

하지만 외형상 배가 커지긴 했어도 실제 운송할 수 있는 양은 그다지 많지 않았습니다. 줄지어 노를 저을 노예들을 태워야 하고, 이들을 먹이고 재울 공간이 필요한 탓에 배를 설계하는 데 제약이 많았거든요. 이런 배는 물 위에서 균형을 잡기도 어려웠습니다.

"바람을 이용하면 어떨까?"

기원전 5천 년경 이집트에서는 돛을 달아서 바람의 힘으로 배를 움직였습니다. 돛은 처음에 정사각형 모양의 천을 배의 길이 방향에 가로질러 놓였는데 이런 돛은 특정한 방향으로만 바람을 이용해야 했습니다. 해서 보완책으로 노를 젓는 사람들을 데리고 다녔습니다.

기원전에는 돛대 한 개를 단 배에 노예들이 올라타서 노를 저었습니다. 그러다 돛대가 조금씩 개량되었습니다. 큰 삼각돛은 아라비아에서 발명되었고, 유럽에서는 9세기부터 사용됐습니다. 삼각돛은 활대(돛 위에 가로 댄 나무)의 중간 부분이 꼭대기 가까이의 돛대에 느슨하게 붙어있는 구조이며, 배 뒷전에서 밧줄을 잡아당겨 돛을 옆으로 움직일 수 있었으므로 배가 바람을 거슬러 나아갈 수도 있었습니다. 바람 부는 방향에 관계없이 앞으로 나갈 수 있게 된 것입니다.

"배의 방향을 조절할 운전대가 있으면 좋겠다."

13세기 초에는 중국에서 키(배의 움직임을 조정할 수 있는 장치)가 발명되어

배의 방향을 잡는데 매우 유용하게 쓰였습니다. 그전에는 큰 노를 배 뒤에 넣어 방향을 잡았으나 노가 너무 무거워 다루기에 힘들었습니다. 새로 도입된 키는 노보다 훨씬 크면서도 물속에 완전히 잠겼고 키의 손잡이를 통해 손쉽게 돌릴 수 있었습니다.

삼각돛과 키는 배의 역사에 있어 대단한 전환점입니다. 14세기 이후 노를 저어 항해하는 선박이 점차 사라지고 돛을 이용한 대형 선박이 등장했거든요. 이 때 가로돛과 삼각돛을 비롯해 여러 돛을 달아 바람을 자유자재로 이용했기에 오랜 기간을 항해 할 수 있는 선박이 나올 수 있었습니다. 15~16세기 유럽의 해외 식민지 개척은 이런 배경을 바탕으로 이뤄졌습니다. 최신 무기로 무장한 군인들을 태울 수 있었기에 원시문화권 지역을 쉽게 정복했던 것이지요.

그런가하면 배는 상류층의 여유로움을 위하여 이용되기도 했습니다. 고대 왕국에서 왕족·귀족들은 호수나 강물 위에서 경치를 즐기거나 술잔치를 벌였고, 현재도 유람선은 부유한 레저문화로 이용됩니다.

오늘날 배는 대체로 강에선 유람선으로 이용되지만, 바다에선 여전히 무거운 물품을 나르는 주요한 운송수단으로 쓰입니다. 특히 주요 에너지인 석유나 곡물은 대형 선박 덕분에 세계 곳곳으로 부사히 옮겨지니, 배는 매우 유익한 발명임이 분명합니다.

71·72 일째

자동차 : 동물 없이 저절로 움직이는 차

"수레 앞에 뭔가를 달아 스스로 달리도록 만들어보자."

인간은 항상 말보다도 빨리 달릴 수 있는 이동 수단을 꿈꾸었습니다. 그 꿈은 르네상스 시대에 레오나르도 다빈치가 기계의 힘으로 움직이는 차량을 스케치로 남기고, 1680년에 뉴턴이 뒤쪽으로 분출시킨 증기의 반동으로 달리는 분사식 차의 모형을 제작하면서 점점 현실로 다가왔습니다.

"움직인다, 움직여! 말이 끌지 않아도 차가 간다."

1769년 마침내 프랑스인 조세프 퀴뇨가 역사상 처음으로 기계동력 자동차를 발명했습니다. 앞바퀴 하나만의 힘으로 움직이는 3륜차였습니다. 그런데 이 증기자동차의 엔진격인 보일러 용량이 매우 작아 15분마다 보일러에 물을 채워줘야 하는 불편함이 있었습니다. 또한 속도는 보통 사람들이 걷는 정도의 속도인 시속 4km에 불과했습니다. 브레이크도 없는 이 차는 첫 운행에 겨우 3분을 달리다 주저앉고 말았으나 '세계 최초의 자동차'라는 명예를 차지하였습니다.

그 후 19세기 초 시속 10여km정도 되는 실용화된 증기자동차들이 등장했고, 1880년대 초 전기자동차가 나왔으며, '자동차의 아버지'로 불리는 칼 벤츠가 1885년 앞바퀴 한 개에 뒷바퀴 두 개가 달린 3륜 가솔린자동차를 처음 선보였습니다.

더불어 바퀴의 기능도 강화되었습니다. 바퀴는 속도뿐만 아니라 안전한 운행

과도 밀접한 관련이 있는 까닭입니다. 예컨대 자동차 바퀴 타이어에는 트레드패턴, 즉 지그재그로 파인 무늬가 있습니다. 자동차가 다니는 노면이 매끄럽지 않을 뿐만 아니라 빗물로 인한 물기에도 대비해야 하므로 그렇습니다.

그런데 이 무렵만 해도 증기자동차가 가솔린자동차보다 절대적으로 우위에 있었습니다. 증기자동차는 19세기 중엽 교외용 버스로 유럽에서 널리 이용되었고 19세기 말엽에는 개인용 소형차로도 보급될 상황이었습니다.

1895년, 프랑스에서 최초의 자동차 장거리 경주가 치러졌습니다. 그해 6월 11일, 파리에서 보르도를 왕복하는 1,200㎞ 경주가 벌어졌고 자동차 21대가 일제히 베르사유를 출발했습니다. 여기에는 가솔린자동차 11대, 증기자동차 6대, 전기자동차 1대, 모터사이클 3대가 참가했습니다.

"당연히 증기자동차가 우승할거야."

"난 가솔린자동차가 이길 것 같은데."

사람들은 흥미로운 눈으로 경기를 지켜보았습니다. 이때 뜻밖의 일이 벌어졌

습니다. 500㎞ 지점까지 오는 과정에서 10대가 탈락했고 그때부터 '패널 루바솔'이라는 가솔린자동차가 독주를 하며 1위를 차지한 것입니다. 평균시속 약 24㎞로 지금 시각으로 볼 땐 놀랍지 않지만 당시에는 대단한 속도였습니다. 더구나 끝까지 완주한 차는 불과 9대였고 그 중 1위부터 8위까지를 가솔린자동차가 휩쓸었습니다.

사람들은 가솔린자동차를 경이적인 눈길로 바라보았고 가솔린자동차의 장점을 분명하게 알게 됐습니다. 가솔린자동차는 무엇보다 쾌적함이 돋보였습니다. 그을음으로 인해 새까맣게 되는 일도 없었고, 보일러 관리자와 운전사가 끊임없이 수량계·압력계를 보며 보일러를 조절해야 하는 불편함도 없었습니다. 전기자동차처럼 수시로 배터리를 교환해야 하는 약점도 없었습니다. 결국 이 경주 뒤, 유럽은 가솔린자동차의 전성시대로 들어섰습니다.

자동차는 한동안 상류층만의 교통수단이었으나, 1908년 미국의 헨리 포드가 값싸고 효과적인 포드 T형 자동차를 대량생산함으로써 일반 사람들도 탈 수 있게 됐습니다. 또한 포드는 1914년부터 이동식 조립라인으로 자동차를 대량생산했는데, 흔히 컨베이어 시스템이라고 불리는 제조법은 바로 여기에서 출발합니다.

오늘날에는 석유 부족 문제로 인해 환경친화적 연료를 이용한 자동차가 연구되고 있습니다.

73·74 일째

비행기 : 철새의 움직임에서 파악한 비행 원리

"하늘을 자유롭게 나는 새가 부럽다."

그리스 신화에서는 이카루스가 새의 깃털과 밀랍으로 날개를 만들어 하늘을 날았다고 합니다. 그렇지만 실제로 비행기가 발명된 건 그리 오래 되지 않았습니다. 분명히 새 날개 같은 걸 만들어 퍼덕이면 날 수 있을 것 같았는데 그게 쉽지 않았으며 아무리 날개를 크게 만들어도 몇 미터를 날지 못했던 까닭입니다.

"날개를 더 크게 만들어볼까?"

"날개가 크니 움직이기도 힘드네."

그 고민은 뜻밖에 날개가 아닌 다리에서 풀렸습니다. 비둘기·갈매기·매 따위 새들은 제자리에서 훌쩍 뛰면서 그대로 날아다니는 반면, 철새는 (상대적으로) 한참을 달린 끝에 박차고 날아오른다는 원리를 뒤늦게 깨달은 것입니다. 철새는 장거리를 여행하기 위해 지방을 비축한 탓에 몸집이 큽니다. 그 무거운 몸집의 무게를 이겨내고 날려면 뛰어가면서 공기부양효과를 얻어야 합니다. 그걸 알게 된 것이지요.

"아하, 달려가면서 날개를 펴면 되겠구나!"

'비행기의 아버지'로 일컬어지는 독일의 오토 릴리엔탈은 1890년 〈비행원리로서 새들의 비행〉이란 연구보고를 발표하고 이듬해인 1891년 박쥐날개 모양의 글라이더를 타고 내리막길을 달려 날아가는데 성공했습니다. 그것은, 바람을 이

용한 최초의 비행이었으며 1895년에는 350m를 활공하기도 했습니다. 이어 1896년 미국 공학자 옥타브 샤누트가 방향키가 달린 글라이더를 만들었고 개량 작업이 계속되었습니다.

그렇지만 릴리엔탈은 1896년 여름, 추락사고로 세상을 떠나고 말았습니다. 그와 함께 동력 비행기의 꿈도 사라지는 듯했습니다.

Otto lilienthal

1896년 미국에서 릴리엔탈의 추락 사망 소식을 접한 윌버 라이트는 처음으로 기계 비행에 관심을 가졌습니다.

'동력이 있었다면 갑작스런 바람의 변화 때문에 추락하는 일은 없었을 거야.'

라이트는 먼저 대머리독수리가 공중에서 어떻게 균형을 잡는지를 관찰했습니다. 그 결과 1899년, 성공적인 비행을 위해서는 비행기가 반드시 세 축에 대한 운동의 조화를 이루어야 한다는 걸 깨달았습니다. 즉 비행기도 새처럼 한 쪽 또는 다른 쪽으로 선회할 때의 기울임, 상승하강, 좌우 등을 조절할 수 있어야 한다는 것이었습니다.

　윌버는 동생 오빌 라이트와 함께 실험에 몰두한 끝에 1903년 12월 17일, 짧은 시간이었지만 동력을 이용한 비행에 성공했습니다. 라이트 형제가 만든 '플라이어 1호'는 약 36m 거리를 12초간 날았습니다.

　이로써 인간은 바람에 관계없이 하늘을 날 수 있게 됐습니다. 글라이더(glider)가 자연 에너지(부양력·바람)를 이용하여 비행하는데 비해, 기계 비행기는 추진력에 의해 바람을 극복할 수 있었으므로 비행 가능 환경도 훨씬 좋아졌습니다.

　1905년 라이트 형제는 최초로 실용적인 비행기를 만들어 날았습니다. 그러나 이 발명품은 한동안 빛을 보지 못했습니다. 미국 육군이 안전한 비행을 믿지 않

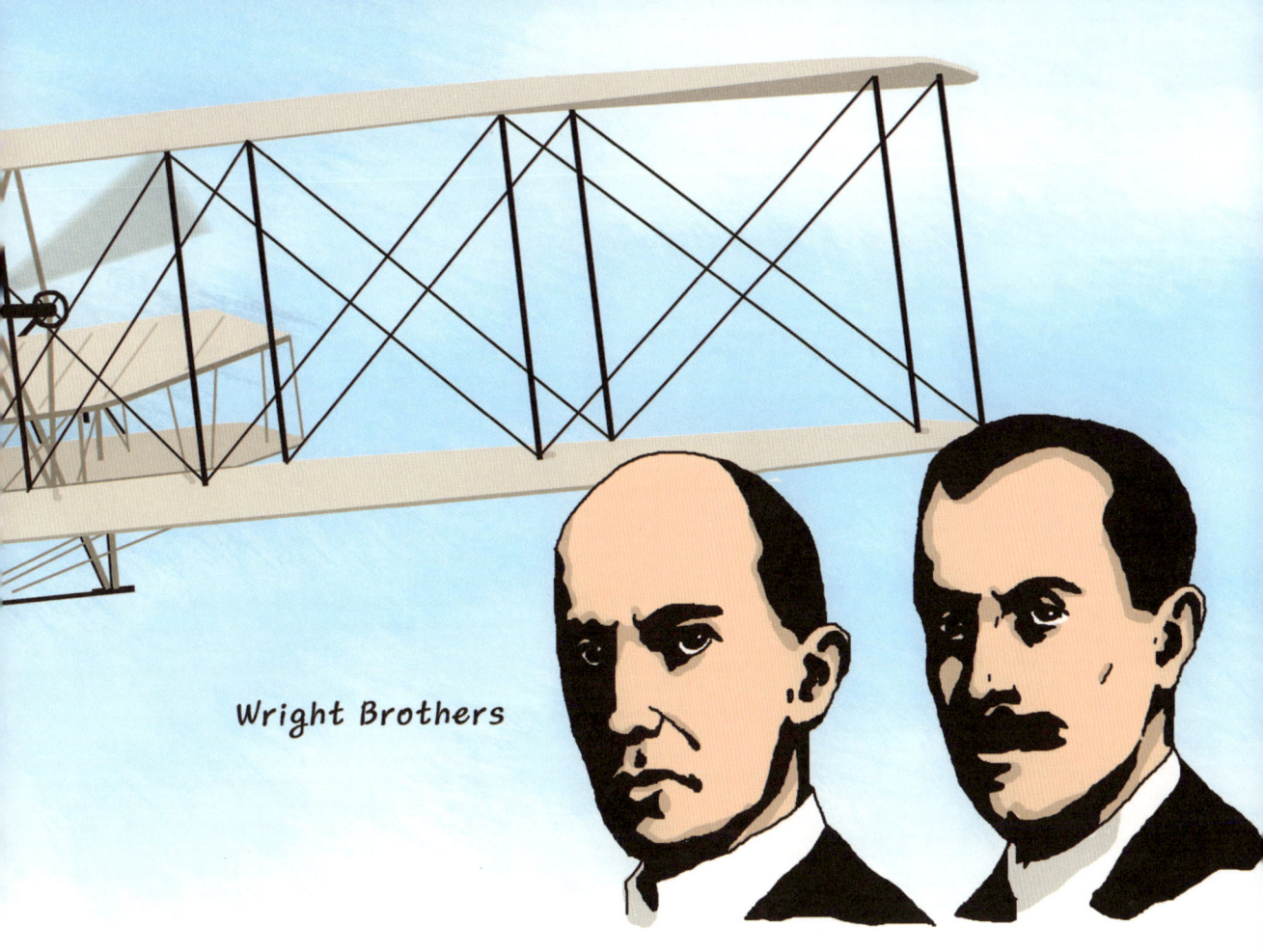

Wright Brothers

았고, 라이트형제 또한 산업 스파이에 대한 두려움 때문에 정부의 재정적 협정이 공정해질 때까지 비행 실험을 하지 않았기 때문입니다. 라이트 형제는 1908년에서야 유럽에서 라이트 비행기 면허 생산 계약을 맺었습니다. 이듬해에는 미 육군과 세계 최초의 군용기 생산 계약을 체결했습니다.

  현재는 지상과 하늘을 동시에 이용할 수 있는 자동차 비행기가 원활하게 개발되고 있는 실정입니다. 다양한 요소가 첨부된 아이템을 추구하는 현대인이 과학 기술도 그러하길 기대하니까요.

75·76 일째

지하철 : 지하세계를 뚫고 다니는 도시민의 발

'두더지는 왜 힘들게 굴을 파서 땅 속으로 다닐까?'

1840년대의 어느 날 영국 런던에서 사무변호사로 일하던 찰스 피어슨은 위와 같은 의문을 품었습니다. 그냥 땅 위로 다니면 편할 텐데, 굳이 땅속으로 다니는 이유가 궁금해진 것입니다. 그러다가 문득 사람들이 다니는 길을 땅속으로 내면 복잡한 지상도로보다 훨씬 안전하고 편리할 거라는데 생각이 미쳤습니다.

'두더지는 위험한 적을 피하고자 땅 속 길을 택한 걸 거야. 런던은 길이 좁아 복잡하니 두더지 굴처럼 땅 속에 길을 내면 교통량이 분산되어 좀 한가해지지 않을까.'

교통역사상 가장 기발한 발상은 이렇게 시작됐습니다. 피어슨은 오랜 시간 연구한 다음 지하철도 계획안을 만들어 런던 시의회를 찾아가서 힘찬 목소리로 설명했습니다. 하지만 돌아온 대답은 '좋은 제안'이라는 칭찬이 아니라 '미치광이'라는 비난이었습니다.

"지금 제 정신으로 말하는 거요? 죽은 사람이 아니고서야 누가 땅 속에 들어가길 원하겠소?"

"이건 결코 무모한 도시개량계획이 아닙니다."

"글쎄. 사람은 본능적으로 땅 속을 두려워한단 말이오. 그럴진대 어떤 사람이 일부러 어둠의 세계로 다니겠소?"

시의원 모두가 피어슨의 공개 제안을 외면했습니다. 그러나 피어슨은 자신의 의지를 굽히지 않고 기회가 있을 때마다 지하철도의 중요성을 강조했습니다. 그에 따라 조금이나마 관심을 보이는 의원이 생겼으며, 결국 10년의 세월이 흐른 후 런던 시의회는 지하철도 건설 계획을 승인했습니다. 다시 그로부터 10년이

Werner von Siemens

지난 1863년 1월 10일, 마침내 세계 최초의 지하철인 메트로폴리탄 철도가 개통됐습니다. 지하철은 피어슨의 우연한 착상과 치밀한 계획, 그리고 집요한 의지가 맞물린 결과물로 탄생한 교통수단인 것입니다.

"땅속으로 다니는 차가 생겼다면서?"

지하철에 대해 사람들은 경탄과 호기심 어린 반응을 나타냈습니다. 불과 6km의 짧은 거리이지만, 운행 첫해에만 9백여만 명이 이용했고, 지하철은 '언더그

라운드' 혹은 '튜브'라고 불리며 이내 런던의 명물이 됐습니다.

"이야, 이거 신기하네. 땅 속을 무사히 다닐 수 있으니 말이야."

"그러게. 무서울 줄 알았는데 타고 보니 괜찮네."

"비가 오나 눈이 오나 옷이 물에 젖지 않으니 그것도 편하고 좋군."

그렇지만 그런 감탄의 한편에서 불만 섞인 목소리도 나왔습니다. 초기 지하철은 석탄원료 증기기관으로 운행된 까닭에 줄곧 시커먼 연기를 내뿜어 비난을 샀던 것입니다.

"옷에 매연이 달라붙어 불쾌하고 더러워."

그럼에도 그런 걸 참고 지하철을 이용하는 사람이 훨씬 많았습니다. '호기심과 편리'가 '오염과 불쾌'를 억누른 셈이었습니다.

인간이 대단하다는 건 불편을 고쳐나가기 때문입니다. 1879년, 독일 발명가 베르너 폰 지멘스는 베를린 무역박람회에서 외부 전류를 이용하는 최초의 전철을 선보여 실용적인 전철을 가능하게 했습니다. 1890년, 전기로 움직이는 지하철이 등장하면서 심각한 매연 공해 문제가 어느 정도 해결되었고, 이어 직류 전동기가 발명되어 전차운행이 빠르게 발전했습니다. 하여 사람들은 런던 곳곳을 지하철로 다닐 수 있었고 이제 지하철은 런던에서 빼놓을 수 없는 주요한 교통수단이 되었습니다.

지하철은 지상도로를 통행하는 많은 차로 인한 부담을 덜어줄 뿐만 아니라 이동시간이 비교적 정확하고 이용하기 간편하다는 장점이 있습니다. 또한 폭발적으로 늘어나는 도시 인구의 대중교통수단으로 더없이 좋습니다. 그리하여 자연스럽게 '지하철은 서민의 발'이라 불리며, 세계 대도시 곳곳에 건설되었습니다.

77・78일째

잠수함 : 고래를 닮은 해저 이동선

The First Submarine

Cornelis Jacobszoon Drebbel

"잠수함은 왜 고래를 닮았을까?"

요즘 잠수함의 모습은 길이와 폭이 7.5대1 정도의 비율에다 앞은 뭉뚝하고 뒤쪽이 가느다란 형태가 대부분입니다. 이는 시속 20노트를 돌파할 때 생기는 저항을 이기기 위해 1952년 미국에서 갖가지 형태로 실험을 한 결과, 고래의 모양이 가장 적합하여 그러한 형태를 채택하였기 때문입니다.

그 원리를 살펴볼까요. 수압은 모든 면에 작용합니다. 물속의 경우 같은 부피에서 원형의 표면적이 가장 적습니다. 그렇지만 이동할 때는 유선형이 훨씬 빠릅니다. 그런 점을 감안하여 수압에 대한 항력과 추진력의 조화를 꾀하고자 고래 모양으로 잠수함을 설계한 것입니다. 또한 고래 모양은 가오리처럼 표면적이 넓은 모양에 비해 수상함의 음파 탐지에 덜 걸린다는 장점이 있었습니다. 잠수함을 넓적하게 만들지 않는 이유가 여기에 있습니다.

그렇다면 잠수함은 언제 누가 발명했을까요?

기원전 330년 알렉산더 대왕은 깊은 강물 속의 풍경을 무척 궁금해 했습니다. 그러자 그의 스승이자 대학자인 아리스토텔레스가 고심 끝에 나무판자와 유리창을 이용해 종 모양으로 생긴 잠수 기구를 만들었습니다. 이어 그걸 줄에 매달아 강물 속으로 넣었으며, 알렉산더 대왕은 그 안에 들어있는 공기로 숨을 쉬면서 호기심을 해결했다고 합니다.

하지만 실제 사용 가능했던 잠수함은 17세기 초에야 겨우 등장했습니다. 물의 압력을 견디면서 산소를 공급할 방법이 어려웠기 때문입니다. 1620년 독일인 기술자 드레벨은 기름을 먹인 가죽으로 선체를 둘러싼, 잠수가 가능한 목조 배를 만들었습니다. 그것이 역사상 최초의 잠수함입니다.

이후 여러 사람들은 기동력이 뛰어나고 오래 항해할 수 있는 잠수함을 만들고자 노력했으나 번번이 실패했습니다. 1774년에는 미국인 존 데이가 플리머스항에서 직접 제작한 잠수함을 타고 물속으로 들어갔으나 다시 떠오르지 못해 역사상 최초의 잠수함 사고 희생자가 된 안타까운 일도 있었습니다.

그런 점에서 미국독립전쟁이 한창이던 1776년, 미국인 부시넬이 만든 잠수함은 획기적이었습니다. 생긴 모습이 거북을 닮았다 해서 '터틀호'로 명명된 그 잠수함은 왼손으로 키를 잡고 오른손으로 프로펠러를 돌리는 1인승이었으며, 공격

무기로 뱃바닥에 구멍을 뚫는 드릴을 갖추었습니다. 터틀호는 영국 군함을 공격하려다 실패했으나 잠수함이 무기로도 사용될 수 있다는 걸 일깨워주었습니다.

"군사적 무기로 쓸 수 있다니, 빨리 만들어야겠어."

남북전쟁 당시인 1863년 남군이 선보인 '헌리호'는, 연료기관을 갖춘 상태로 물속에서의 오르내림이 가능해진 최초의 잠수함이었습니다. 철제(鐵製) 보일러

원통을 개조하여 휘발유 엔진을 단 헌리호는 잠수할 때는 일정 공간에 물을 집어넣고, 떠오를 때는 압축공기로 물을 밀어내는 '밸러스트 방식'을 처음으로 적용했습니다. 헌리호는 첫 전투 때 적함을 격침시키는데 성공했지만 이동속도가 느린 탓에 함께 폭발하고 말았습니다. 어찌됐든 헌리호는 물 위에 떠있는 배를 격침시킴으로써 무기로서의 잠수함을 현실화하였습니다.

물속에서의 산소 소비를 줄이기 위해 축전지(蓄電池)를 이용하는 방법은 1886년 영국인 칸벨의 '노틸러스호'가 처음으로 사용했습니다. 이로써 각국이 본격적인 잠수함 건조에 나섰고 1902년 미국인 레이크는 잠망경이 갖춰진 잠수함을 만들어냈습니다.

전쟁은 잠수함을 계속 발전시키게 했습니다. 제1차 세계대전 때는 독일이 디젤 잠수함(U보트)을 만들어 연합국을 괴롭혔고, 제2차 세계대전 때는 미국이 독자 개발한 잠수함으로 일본을 봉쇄했습니다.

1954년 미국에서 진수(조선소에서 건조된 선박을 수상에 처음으로 띄우는 일)한 노틸러스호는 최초의 핵잠수함으로써 꽤 오랜 시간 잠수가 가능한 잠수함 시대를 열었습니다. 현대과학으로는 잠수함을 100% 찾아낼 수 없는 까닭에 오늘날 핵잠수함은 강력한 무기로 인정받고 있습니다.

79·80 일째

우주선 : 환상과 상상을 찾아 떠나는 색다른 관광

'인체에 수술한 자국이 없어야 한다. 대소변을 되도록 오래 참고, 용변을 본 뒤에는 스스로 청소해야 한다. 방귀나 트림을 참아야 한다. 음식을 흘리지 말아야 한다. 멀미약을 반드시 복용해야 한다. 창문으로 태양을 바라보지 말아야 한다. 밧줄을 맨 채 날마다 러닝머신을 달려야 한다.'

우주여행을 하는 사람들이 반드시 지켜야 할 조건들입니다. 예컨대 수술한 적이 있으면 상처부위가 터지거나 벌어져 죽을 가능성이 높기 때문입니다. 그밖에 창문을 열어 실내공기를 맑게 할 수 없으므로 오염시키는 행위는 최대한 자제해야 합니다. 그럼에도 넓디넓은 우주를 하늘에서 보고파하는 건 인류의 오랜 꿈이었습니다. 그 역사를 살펴볼까요?

"저 달에는 누가 살고 있을까?"

인류 초기문명부터 사람들은 달에 대한 궁금증을 가졌습니다. 고대 그리스의 피타고라스학파 학자들은 '달에 낙원이 있다'고 생각했으며, 중국의 도교주의자들은 '아름다운 항아 선녀가 산다'고 믿었습니다. 그러나 누구 하나 직접 다녀온 사람이 없기에 그저 추측만 무성했습니다.

그러다 1865년, 프랑스 작가 쥘 베른이 〈지구로부터 달까지〉라는 소설에서 달나라로 여행한 세 인간들에 관해 다뤄 과학적 우주여행을 처음 설명했습니다. 이때 베른은 여러 과학서적과 논문을 찾아보고 공부한 바탕으로 탁월한 과학능력을 보여주었습니다. 몇 가지 살펴보면 이렇습니다.

　베른은 미국 플로리다주 케이프케네디 근처를 가장 이상적인 우주선 발사 기지로 선정했고, 앞이 뾰족하고 둥근 몸체를 가진 우주선 모양을 제시했으며, 우주비행사 3명을 태우도록 설계했습니다. 뿐만이 아닙니다. 베른은 우주선을 발사하기 위해 거대한 대포에 의한 작용·반작용의 원리를 설명했습니다. 이런 예언들은 모두 들어맞아서 우주센터는 케이프케네디에 건설됐고, 로켓에 의해 우주선이 발사됐으며, 우주인 3명이 달에 갔습니다. 베른은 상상력이 과학의 밑바탕이 될 수도 있음을 일깨워주었습니다.

Jules Verne

"지구는 푸른빛이었습니다."

꿈을 꾸면 현실이 된다고 했던가요. 1961년 4월 12일 소련 비행사 유리 가가린은 보스토크 1호를 타고 1시간 29분 동안 인류 최초로 우주비행에 성공한 뒤 지구로 돌아와 위와 같이 말했습니다. 이에 미국이 자극을 받아 우주비행 경쟁에 나섰습니다.

"우리가 기술 강대국인데, 자존심이 상하네."

미국은 1965년 더 발전된 기술을 선보였습니다. 그해 6월 에드워드 화이트는 케이블로 연결한 우주복을 입은 채 우주선 제미니 4호를 떠나 손에 든 분사식 총을 이용해 중간 중간 산소를 방출하면서 우주를 산책했습니다. 다시 말해 처음으로 우주를 걸은 것이지요.

그리고 4년 후인 1969년 7월 20일, 닐 암스트롱은 달 표면에 첫 발을 내디뎠고 뒤이어 에드윈 버즈 올드린이 걸었습니다. 미국인은 이날 무척 감격하였고, 1996년 2월 개봉된 영화 〈토이 스토리〉에서 장난감 주인공 우주비행사 이름을 에드윈 버즈 올드린에서 따와 '버즈(Buzz)'라 붙이며 다시 한 번 우주비행 성공을 기념했습니다.

얼마 후에는 우주왕복선도 등장했습니다. 우주비행에 너무 많은 돈이 들었으므로 우주선을 재활용할 수 있게끔 만든 것입니다. 최초의 우주왕복선 '컬럼비아호'는 1981년 4월 12일 첫 비행에 성공했고 이후 여러 차례에 걸쳐 왕복 비행을 했습니다.

2001년에는 일반인에게도 우주여행의 가능성이 열렸습니다. 그해 4월 28일 미국 백만장자 기업가 데니스 티토가 2천만 달러를 지불하고 러시아 우주선에 탑승함으로써 최초의 우주관광객이 되었거든요. 그 뒤 몇 사람이 더 우주여행을 다녀왔으며 이제 우주는 탐사 목적뿐만 아니라 관광지로도 주목받기에 이르렀습니다. 신비한 상상이 현실이 됐고, 점차 대중화되어가고 있습니다. '꿈을 현실로'는 우주여행에 그대로 들어맞는 말입니다.

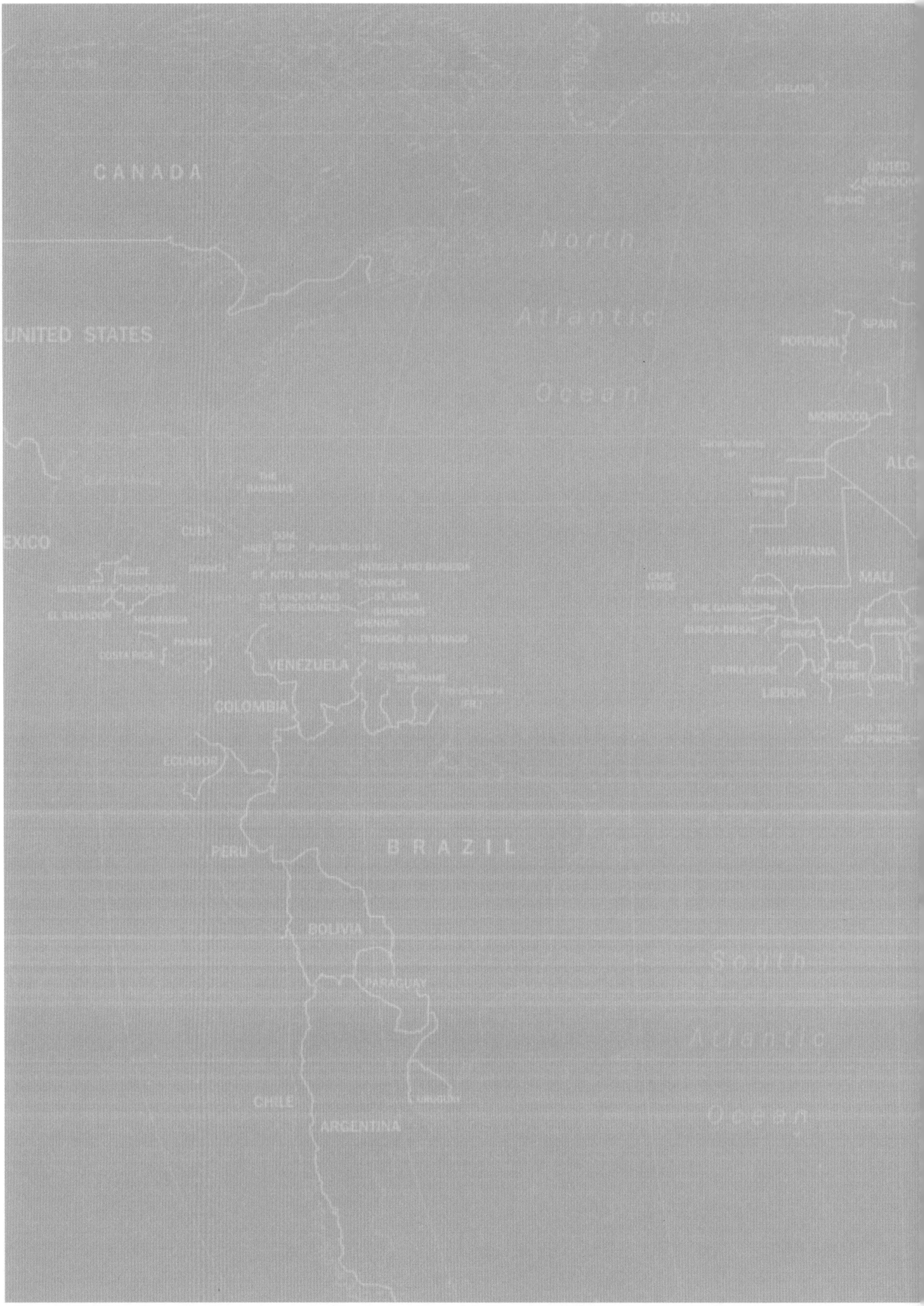
(DEN.)
CANADA
North
Atlantic
Ocean
UNITED STATES
SPAIN
PORTUGAL
MOROCCO
EXICO
CUBA
MAURITANIA
MALI
VENEZUELA
COLOMBIA
LIBERIA
ECUADOR
BRAZIL
PERU
BOLIVIA
PARAGUAY
South
Atlantic
Ocean
CHILE
ARGENTINA

제5장 정보

81·82 일째 나침반 : 방향을 알려주는 휴대용 도우미 83·84 일째 지도 : 위치를 알려주는 그림 85·86 일째 전화 : 사람과 사람을 이어주는 충직한 심부름꾼 87·88 일째 신문 : 가장 빠르고 정확하게 알려주는 소식 89·90 일째 포스터 : 범죄자 체포에서 시작된 홍보용 그림 91·92 일째 책 : 지식 및 상상 여행 정보를 담은 기록 93·94 일째 달력 : 시간의 흐름을 계산한 숫자들의 행진 95·96 일째 시계 : 시간을 알려주는 기계 97·98 일째 온도계 : 뜨겁고 찬 상태를 숫자로 알려주는 기구 99·100 일째 텔레비전 : 보고 즐기는 정보 오락기기 101 일째 컴퓨터 : 계산능력을 갖춘 문자 정보 도서관

81 · 82 일째

나침반 : 방향을 알려주는 휴대용 도우미

"어라, 바위가 검은 색깔이네. 여기서 잠깐 쉬어야겠다."

아득한 옛날 마그네스(Magnes)라는 양치기가 소아시아의 이다산에서 양을 몰다가 산비탈에서 잠시 쉬었습니다. 그런데 이상한 일이 벌어졌습니다. 손에 지니고 있던 지팡이와 발에 신고 있던 신발이 바위에 붙어 떨어지질 않는 것입니다.

"이얍!"

꿍!

양치기는 힘을 쓴 끝에 겨우 떼어낼 수 있었으나 참으로 신기한 일이었습니다. 하여 이번에는 일부러 바위에 지팡이와 신발을 대어 보았습니다. 그러자 여지없이 찰싹 달라붙었습니다. 호기심으로 자세히 살펴보니 신발에 박은 쇠 징과 지팡이 끝에 댄 쇠붙이가 바위에 붙어 떨어지지 않았던 것입니다. 이에 연유하여 이 바위는 '마그네스의 돌'이라 불리다가 후에 '마그네트(magnet)'라 발음이 바뀌면서 '자석'을 의미하게 됐습니다.

서기 1세기에 활약한 고대 로마 학자 플리니우스도 양치기 마그네스가 자석을 발견했다고 적었습니다. 일설에는 소아시아 도시인 마그네시아(Magnesia) 언덕에서 쇠붙이를 끌어당기는 이상한 돌이 발견됐기에 '마그네트'라 부르게 됐다고도 하지만 어느 설이 옳든 간에 그리스 시대에 자석의 성질을 발견한 것만은 틀림없습니다.

그러나 로마인은 그 이상한 힘의 정체를 알지 못했습니다.

"신께서 그 돌에 초능력을 부여하신 게 틀림없어."

"그런데 그 돌을 뭐에다 쓰지?"

로마인은 그 돌을 실에다 매어서 허공에 들고 있으면 한쪽 끝이 항상 북쪽을 가리킨다는 사실을 알았으나 더 이상의 쓰임새는 몰라서 그저 희한하고 신기한 돌로만 생각했습니다.

자석의 성질을 효과적으로 처음 활용한 민족은 중국인이었습니다. 기원전 4세기 〈귀곡자〉라는 책에 다음과 같은 내용이 적혀 있으니까요.

'정(鄭)나라 사람은 옥을 캐러 다닐 때 방향을 잃지 않으려고 반드시 사남(司南)을 가지고 다닌다.'

여기서 '사남'은 숟가락 모양으로 자른 천연 자석이 평평한 판 위에서 회전하다 멈출 때 숟가락 손잡이 부분이 북쪽을 가리키는 일종의 방향 안내 도구였습니다. 이는 나침반의 초보적 형태로서, 중국인이 자석을 어떻게 활용했는지 일러주고 있습니다. 기원전 3세기경 중국을 통일한 진시황제는 호화로운 아방궁을 지으면서 모든 문에 자석을 설치했습니다. 무기를 감추고 궁궐에 들어오는 자를 가려내기 위함이었습니다. 날카로운 칼이나 창은 쇠로 만드니까요.

11세기 송나라의 심괄은 〈몽계필담〉이란 책에서 자석의 원리를 최초로 기록하여, 나침반 이론에 관한한 중국이 선진국임을 과시했습니다. 하지만 중국은 주로 풍수(風水)를 보는데 나침반을 사용했습니다. 어느 곳이 좋은 땅인지, 어디에 물이나 광맥이 있는지 알아보는데 나침반을 쓴 것입니다.

이에 비해 서양인은 항해에 나침반을 적극 활용했습니다. 실용적인 자기 나침반 역시 1302년 이탈리아인 조야가 처음 만들었고, 이후 나침반 연구가 활발히 이뤄졌습니다. 유럽인의 아메리카대륙 발견에 큰 공을 세운 콜럼버스는 항해 때 나침반 덕을 톡톡히 보았습니다.

1600년 영국인 윌리엄 길버트는 〈자석론〉을 쓰면서 '지구는 하나의 거대한 자석과 같다'라는 사실을 밝혀냈습니다. 1837년 영국 해군본부는, 각 모서리를 향해 항상 일정한 방향을 유지하는 4개의 바늘을 가진 나침반을 고안했습니다. 요컨대 서양인이 막막한 바닷길을 개척하여 국제무역을 장악하고 세계 곳곳을 제패한 바탕에는 나침반이 있었습니다.
　나침반은 같은 물건이라도 어찌 쓰느냐에 따라 결과가 확연히 달라진다는 진리를 인류에게 가르쳐주고 있습니다.

William Gilbert

83·84 일째

지도 : 위치를 알려주는 그림

"이 지도에는 황금이 숨겨진 곳이 표시되어 있어."

"어디로 가야할지 모르겠으면 지도를 봐."

지도(地圖)는 여러 가지 일정한 기호나 문자를 써서 특정한 장소를 나타낸 그림을 가리키는 말입니다. 지도를 뜻하는 영어 맵(map)은 '신호용 천'이라는 의미를 가진 라틴어 마파(mappa)에 어원을 두고 있고요. 뭔가 알려주는 신호가 곧 지도의 출발인 것입니다.

역사상 최초의 지도는 기원전 1천년경 메소포타미아인이 점토판 위에 그린 지도입니다. 이 고대 지도는 세상이 바빌론을 중심에 둔 채 사방이 물에 둘러싸인 원판으로 묘사되어 있습니다. 바꿔 말해 고대인은 자신들이 사는 지역 이외에는 다른 세계가 없다고 믿었기에 물로 둘러싸인 경계선을 표시했던 것입니다.

이에 비해 고대 그리스인은 천체를 관측하면서 우주에 대해 깊이 연구하여 지도를 위치 파악용으로 이용하기 시작했습니다. 하여 방위선과 수직, 수평의 격자선을 지도에 그려 넣었습니다.

로마인은 그리스 지도를 발전시켜 도시들이 뚜렷하게 표시된 도로 지도인 '여정도'를 만들었습니다. 아쉬운 면이 적지 않았지만 이때부터 그런대로 지도를 들고 여행할 수 있게 됐습니다.

중세에는 지도가 별다른 역할을 하지 못했습니다. 유럽인은 과학적 정확성보

Babylonia map

다 경건한 신앙을 소중히 여겼으므로 지도 역시 종교적 목적으로 만들었기 때문입니다. 예컨대 기독교국가에서 제작된 지도들은 모두 예루살렘을 중심에 두었으며, 천국(에덴의 동산)이 있을 곳으로 생각됐던 방향인 동쪽을 언제나 꼭대기에 표시했습니다. 무엇보다 정확한 축척 표시가 없었고, 천사의 얼굴로 지도 둘레를 장식하곤 했습니다. 이 무렵의 지도는 특정 지역을 보호하는 상징물의 성격이 더 강했기에, 지도를 들고 길을 찾기는 커녕 방향을 찾기도 쉽지 않았습니다.

제대로 된 지도는 르네상스시대에 등장했습니다. 15세기 말엽 27종의 다양한 세계지도가 제작됐으며, 지구의 모형인 지구의(地球儀)도 만들어졌습니다. 1492년 독일의 베하임이 제작한 지구의는 그 표면에 땅과 바다가 그려졌으며 자유롭게 회전했습니다. 1569년 플랑드르의 지리학자 게라르두스 메르카토르는 직선을 곡면 위에 그리는 문제를 해결한 세계지도를 제작했습니다.

"지도를 보니 다른 세계에 가보고 싶다."

콜럼버스와 마젤란은 수학적 거리를 계산한 도구들과 지도를 갖고 항해함으

로써 인류의 역사에 획기적인 업적을 남겼습니다. 베네치아의 바티스타 아그네세 지도는 아메리카에서 출발한 스페인 선단 항로를 금색 선으로 표시하여 노골적인 황금 열풍을 불러일으켰습니다. 이에 따라 이 시기에 가장 큰 야망은 지도 한 장 들고 황금의 나라를 찾아 나서는 일이었습니다.

1801년 영국 공병들이 0.64km를 1cm로(1마일을 1인치로) 표시한 최초의 육지 측량도를 그렸습니다. 이는 지도가 군사적 목적에서 반드시 필요한 도구가 됐음을 의미하며, 얼마 지나지 않아 영국은 지도를 적극 활용함으로써 식민지 건설에 큰 성공을 거두었습니다.

지도는 동양에서도 만들어졌으나 중국의 경우 이른바 중화사상을 강조하기 위해 자신들 국토를 중심으로 한 지도를 만들었고 주변국을 곁가지로 전락시켰습니다. 우리나라의 경우 삼국시대에 이미 지도를 사용한 사실이 여러 문헌을 통해 전해지지만, 조선시대에 들어와서 본격적인 지도 제작이 진행되었습니다. 지도는 지역 특징을 한눈에 파악하게 해주는 기능도 했습니다.

이처럼 지도는 다양한 변화를 거쳐 오늘에 이르렀습니다. 인공위성을 이용한 측량술은 한 치의 오차도 없을 정도로 발전했고 자동차를 운전할 때 길을 말로 설명해주기에 이르렀습니다. 미래에는 더 많은 신기능이 지도에 반영될 것입니다.

85·86일째

전화 : 사람과 사람을 이어주는 충직한 심부름꾼

"미래에는 사람들이 텔레스코프를 통해 많은 정보를 얻을 것입니다."

프랑스 화가 알베르 로비다는 1883년 출판한 〈20세기〉라는 책에서 '텔레스코프'를 소개하여 눈길을 끌었습니다. '텔레스코프'란 전화에 화면을 연결한 기계를 뜻하며, 가입자가 전화다이얼을 돌려서 흥행중인 연극이나 극장 쇼를 본다는 상상이었습니다.

지금의 현실을 살펴보면 로비다의 예상은 감탄이 나올 만큼 잘 들어맞았습니다. 오늘날 사람들이 인터넷 통신을 통해서 영상을 보는가 하면 화상전화도 현실화됐으니까요. 이 모든 게 소리의 재탄생에서 비롯된 변화이며, 그 변화의 중심에 전화가 있습니다.

전화는, 소리(특히 사람 목소리)를 여러 가지 주파수의 전기신호로 바꾸었다가 다시 원래의 소리처럼 들리도록 재생하는 장치입니다. 전화기가 발명되기까지에는 곡절이 많았습니다.

1831년 영국인 마이클 패러데이는 금속의 진동을 전기 신호로 바꿀 수 있다는 걸 이론적으로 증명했습니다. 하지만 1861년까지 아무도 이 원리를 이용하여 소리를 전송하지 못했습니다. 심지어 무선전신기가 발명된 뒤에도 많은 과학자들은 목소리 송수신이 불가능하다고 단정했습니다.

"역사는 목표와 의지를 가진 사람에 의해 바뀌는 법이야."

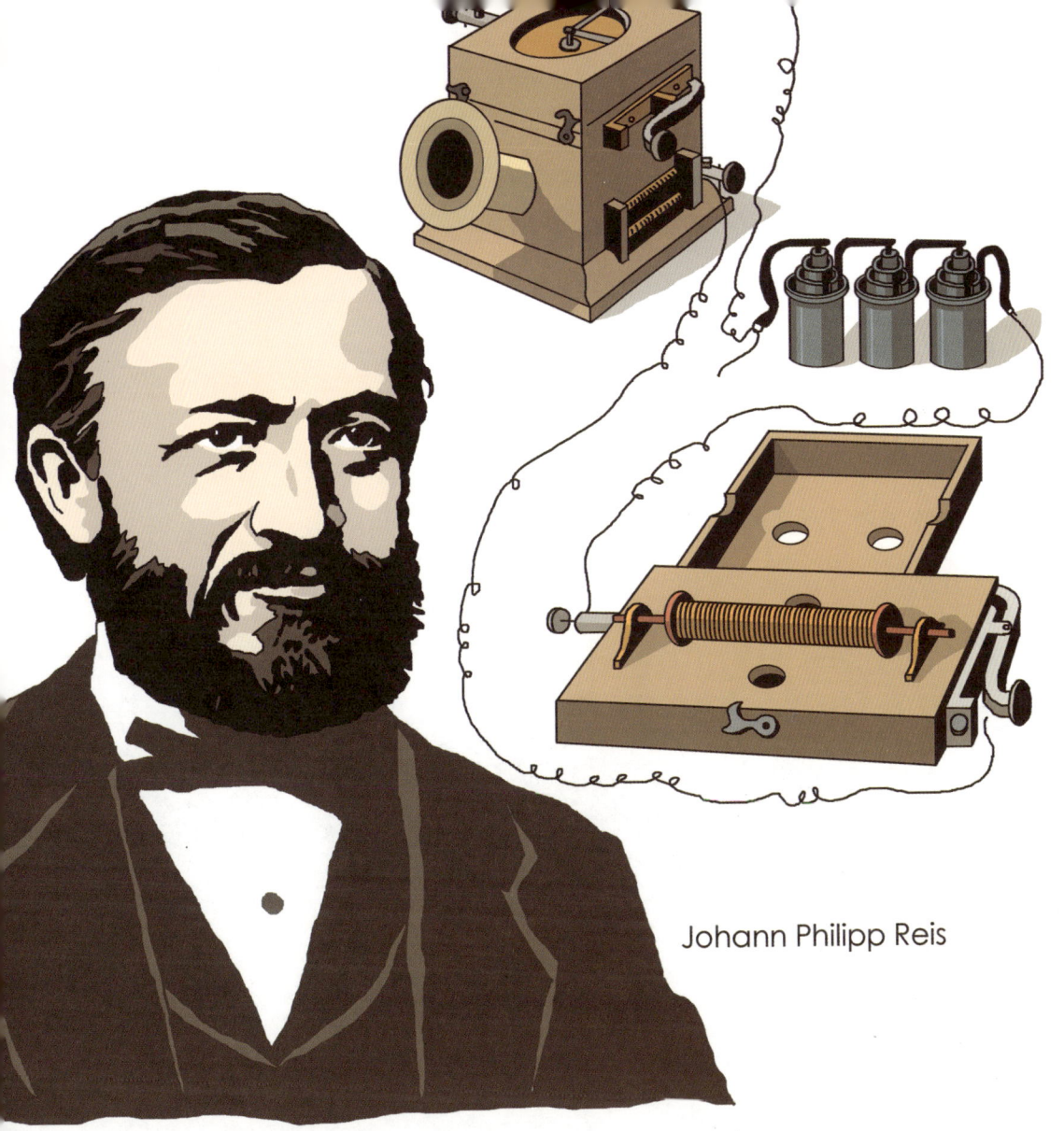

Johann Philipp Reis

독일인 요한 필립 라이스는 1861년 소리를 전기 신호로 바꾸었다가 다시 소리로 전환하는 간단한 기계를 만들었습니다. 라이스가 만든 기계는 소리를 전달할 수는 있었으나 그 전달된 소리가 분명하지 못했습니다. 기계가 조잡해서 모든 영역의 주파수를 다 전송하지 못했기 때문이지요.

이 기계는 더 발전하지 못했지만, 보다 빠르고 보다 확실한 통신기술의 세계가 가능하다는 생각을 심어주었습니다. 하여 선구적 발명가들은 이렇게 생각했습니다.

'전기의 전파 속도는 1초에 30만㎞ 거리를 갈 수 있는 빛의 속도와 거의 같구나. 그런 기계도 만들 수 있을 거야.'

'전신기를 개량해서 말을 전할 수는 없을까?'
알렉산더에이엄 벨은 연구를 거듭한 결과 1876년에 최초로 기계를 통해 사람의 목소리를 분명하게 중계하는 데 성공했습니다. 벨은 전선을 통해 음성을 전

Alexander Graham Bell

달하는 장치를 만들던 중 약품을 엎질러 엉겁결에 "왓슨! 빨리 내 방으로 올라와 주게" 하고 소리를 질렀는데, 아래층에 있던 왓슨이 실제 이 소리를 듣고 뛰어올라 옴으로써 발명의 계기가 마련됐다고 합니다.

벨이 만든 전화기는 전자석 앞에 얇은 금속판(진동판)을 대어 놓는 구조였습니다. 이 금속판에 대고 말하면 판이 움직이고, 그 진동은 전자석을 지나가는 전류에 변화를 주었습니다. 이 기구를 다른 방의, 이와 비슷한 기구에 전선으로 연결시키면 그 전선이 다른 전자석으로 전류를 옮겨주어 다른 방에 있는 기구의 금속판이 진동하면서 소리를 재생시켜 주는 원리였습니다.

벨은 발명뿐 아니라 특허에서도 운이 좋았습니다. 미국의 엘리샤 그레이와 벨, 두 사람은 각기 독자적으로 개발한 전화기를 같은 날에 특허 출원하였는데 벨이 그레이보다 두 시간 빨리 요청한 덕에 특허는 벨의 차지가 되었습니다. 전화 신호음을 가리키는 '벨'은 그의 이름을 기념한 것입니다.

전화는 도시문명에 큰 변화를 가져왔습니다. 전화시설이 갖춰진 도시는 이전과 사뭇 다른 풍경을 보여주었으니, 탁 트였던 도시 하늘이 전선으로 뒤덮인 것입니다. 게다가 도로 곳곳에 세워진 전봇대와 팽팽히 이어진 전화선들은 어딘지 모르게 긴박감을 주었습니다. 이런 풍경은 단순히 설비가 늘어난 것만을 의미하지 않았으며, 이 무렵 많은 사람들로 하여금 미래사회의 문명을 예상하게 만드는 자극제가 되었습니다.

전화는 인간의 충실한 전령사입니다. 심부름꾼을 부리지 않고도 소식을 전하는 일이 가능해졌으므로, 정보력의 평등화에도 상당한 기여를 한 셈이고요. 요즘에는 전화기를 통해 사진도 찍고, 음악이나 오락을 즐기기도 하니 어찌 보면 재주 많은 친구이기도 합니다.

87·88일째

신문 : 가장 빠르고 정확하게 알려주는 소식꾼

"듀이, 트루먼 누르고 대통령 당선!"

1948년 〈시카고 데일리 트리뷴〉지는 위와 같이 보도하며 미국 대통령 선거 결과를 가장 먼저 독자에게 알렸습니다. 하지만 그것은 오보였습니다. 신문사는 대다수 여론조사 회사들의 예측을 믿고 그렇게 보도했으나, 실제는 헤리 트루먼이 당선됐거든요. 트루먼 당선자는 '존 듀이 당선'을 머리기사로 실은 이 신문을 들고 폭소를 터뜨림으로써 또 한 번 화제가 됐고 이후 신뢰를 잃은 그 신문사는 문을 닫았습니다.

이 일은 빠른 보도가 신문의 속성인 것에서 비롯됐으며 한편으로 정확한 사실이 더 중요하다는 걸 일러주고 있습니다. 신문은 언제 어떻게 생겨났을까요?

'신문(新聞)'은 '새로운 소식', '새로운 견문'에서 나온 말입니다. 누군가로부터 보고 들은 소식을 담은 게 곧 신문이지요. '소식', '신문'을 뜻하는 영어 '뉴스(news)'는 '새로운 것'을 뜻하는 고대 프랑스어 '노블레스(novles)'에서 유래되었습니다.

"북(North)·동(East)·서(West)·남(South)의 머리글자가 합쳐져서 '뉴스'가 된 거야."

일설에는 전략가로써 탁월한 재능을 보인 카이사르가 로마를 둘러싸고 있는 동서남북 정보를 모아 놀라운 전술을 짜냈던 데서 뉴스라는 말이 생겼다고도 합

니다.

어찌됐든 뉴스 집합체인 신문은 고대 로마에서 시작됐습니다. 최초의 형태는 손으로 직접 써서 사람들에게 전달하는 소식이나 보고서였고요. 기원전 59년 로마에서 일간 형태의 〈아크타 디우르나〉가 발간되었는데, 필사본인 이 초기 신문은 로마의 주요지역으로 보내져 지역 주민들에게 행정방침을 알리는 역할을 했습니다. 〈아크타 디우르나〉는 권력자들의 마음대로 소식을 다룬 사실상 행정신문이었으나 한편으로 검투경기·점성술·저명인사의 사망·공직인사·재판 등을 싣기도 하였습니다. 오늘날 신문에 실리는 스포츠·운세·사망 소식 등은 이때 생긴 관습입니다.

"독자를 위한 다양한 정보가 들어있는 뉴스레터입니다."

현재와 같은 형태의 일간지는 17세기에 등장했습니다. 17세기 초 네덜란드에서 발행되던 코란토(coranto)는 현대 개념의 뉴스레터(newsletter) 기원으로 여겨지고 있는데, 외국잡지에서 뉴스거리를 뽑아 1면으로 발행했습니다.

신문은 18세기 초 특히 영국에서 성숙기를 맞이했습니다. 1702년 영국 최초

일간지인 〈데일리 쿠란트〉가 창간되었고, 1704년에는 〈로빈슨 크루소의 모험〉 작가 다니엘 디포가 〈리뷰〉를 창간해서 3주마다 발행했습니다. 디포는 신문에 정치현안에 대한 편집자 의견을 게재하면서 '사설(社說)'이라는 개념을 처음으로 도입했습니다. 이후 신문은 대중의 힘을 끌어내고 민주주의를 정착시키는데 큰 역할을 해냈습니다.

"궁금해했던 내용을 알려주니 좋아."

신문이 순식간에 큰 호응을 얻은 이유는, 정부의 일방적인 소식 전달이 아닌 독자의 입장에서 생각하여 독자가 원하는 정보를 제공한 데 있습니다. 독자에게 관심을 끌지 못하는 기획물이나 기사는 금방 사라지고, 인기가 높은 읽을거리가 자리를 차지하는 게 신문시장의 생존 원칙이거든요.

신문 보급에 숨은 역할을 한 건 지하철입니다. 버스에 비해 한결 쾌적한 지하철 환경이 사람들로 하여금 신문을 읽게 만들었기 때문이지요. 영국에서는 19세기 말에, 미국에서는 20세기 초에, 일본에서는 20세기 중엽에, 우리나라에서는 1980년대 들어 지하철 개통과 함께 거리에 신문판매가 빠르게 늘었습니다.

1990년대 말에는 종이에 인쇄하지 않고 컴퓨터 화면으로 볼 수 있는 온라인 신문이 나타났는데, 이는 기존 종이신문을 위협하면서 기사 내용에 변화를 가져왔습니다. 젊은이가 좋아하는 흥미 위주의 연예·스포츠 기사가, 딱딱한 정치·경제기사보다 많아진 것이지요. 신문은 이렇듯 보는 사람에게 맞춰 계속 변화하고 있습니다.

89·90 일째

포스터 : 범죄자 체포에서 시작된 홍보용 그림

"혁명이다, 왕을 체포하라!"

1789년 프랑스혁명으로 왕위에서 쫓겨난 루이 16세는 프랑스에선 목숨을 잇기 어려웠습니다. 그는 1791년 6월 감시망을 뚫고 거리로 나와 나라 밖으로 탈출을 시도했습니다. 하지만 루이 16세는 금방 붙잡혔습니다.

"이 사람을 내가 분명히 보았소."

현상금 포스터가 내걸리자마자 여러 사람들이 다투어 그를 찾았고, 한 농부가

마부로 변장한 루이 16세를 알아보고 바로 신고했기 때문입니다. 불행히도 루이 16세는 그의 초상이 그려진 화폐가 포스터에 쓰이리라고는 전혀 예상하지 못했던 것입니다.

"위 사람이 어디 있는지 알려주면 상을 내리리다."

역사를 살펴보면 '포스터'는 누군가를 잡기 위한 홍보수단으로 등장했습니다. 고대 그리스·로마에서 사람들이 많이 다니는 거리의 기둥에다 도망친 노예를 붙잡기 위한 포고문을 붙였던 것이 효시라고 전해집니다. 포스터(poster)라는 말의 어원도 '고정된 것'이라는 뜻의 라틴어 포스티스(postis)입니다. 즉 대중에게 알리고자 어딘가에 고정시킨 홍보물이 포스터인 것이지요.

이렇듯 상금을 내건 현상금 포스터는 오랜 세월 여러 문화권에서 적극 활용되었습니다. 마땅한 알림판이 없던 시절에 포스터를 붙이기만 하면 기대 이상의 성과를 거두었기 때문이지요. 그 단적인 예가 루이 16세 체포입니다.

미국의 서부개척시대에도 현상금 포스터는 널리 이용되었습니다. 'WANTED (원티드)'라는 제목으로 시작하여, '지명수배: 생사불문'이라는 내용과 현상금을 적어 내건 범죄자 수배 포스터가 범죄자를 잡는데 매우 유용하게 쓰였지요. 현상금 사냥꾼들은 그 포스터를 보고 범죄자를 추적하곤 했습니다.

"와, 너무 멋있다."

그러나 인쇄술의 발달 덕분에 포스터는 새로운 모습으로 변화했습니다. 1866년 프랑스 화가 쥘 셰레가 파리에 있는 자기 인쇄소에서 다색 석판 포스터를 제작함으로써 포스터 역사에 일대 전기를 마련했지요. 그때까지의 포스터는 검은색의 단순한 색상이었습니다. 그런데 쥘 셰레는 멋진 그림 같은 다양한 채색 포스터를 선보여 사람들의 시선을 사로잡았으며, 그 영향력을 간파한 발렌티노 무

도장은 1869년 재빨리 홍보 포스터를 만들어 최초의 포스터 광고라는 영예를 차지했습니다.

쥘 셰레의 포스터는 밋밋한 도시에 화려한 색감을 불어넣었습니다. 그 영향으로 파리는 예술의 선두 역할을 하는 도시가 됐고, 몇몇 화가가 그 포스터를 보고 예술적 영감을 얻었습니다. 특히 프랑스 화가 툴루즈 로트렉은 느낌이 색다른 독창적인 그림으로 강한 인상을 주는데 성공했습니다. 하여 로트렉은 원근법에 얽매이지 않고 강렬한 색채를 대비시킨 수법을 사용하여 몽마르트의 카바레와 공연 포스터를 수없이 그렸으며, 캉캉을 인상적으로 알리는데 일조하였습니다.

그렇지만 포스터는 본질적으로 '예술'이 아니라 '전시물'이었습니다. 제작의

Jules Cheret

목적이 정보 전달에 있었거든요. 이에 연유하여 포스터는 20세기부터 여러 나라에서 국민을 일깨우거나 국가 정책을 알리는 수난으로 자주 이용했습니다.

이외에도 포스터는 만국박람회・올림픽・월드컵 따위의 국제적 행사는 물론 콘서트・운동경기・영화홍보에서부터 상징주의・아르데코・팝아트 등 여러 미술에 이르기까지 큰 영향을 끼쳤습니다. 그리고 그 과정에서 단순한 정보 전달만이 아닌 예술성을 덧붙인 미술의 한 장르로 발전했으며, 응용미술이라는 용어를 탄생시켰습니다. 요컨대 '단순 공지'에서 '정보와 예술의 만남'으로 변화한 셈이지요.

91·92 일째

책 : 지식 및 상상 여행 정보를 담은 기록

"이걸 어딘가에 적어 놓으면 좋겠어."

"왜?"

"그러면 누군가에게 알려줄 수 있잖아."

"그렇구나."

"또한 생각이 나지 않을 때 참조할 수도 있잖아."

책은 지식을 기록한 인류의 놀라운 발명품입니다. 처음에는 서로 말을 주고받으며 아는 내용을 전달하다가 점차 정보 기록의 필요성을 느껴 만들게 된 것이 책입니다.

책의 유래는 고대 바빌로니아인이 기록한 점토판에서 출발합니다. 반죽하여 얇게 편 진흙판에 무언가를 적어 말린 게 최초의 책입니다. 그로부터 세월이 흘러 초기 유럽인은 얇은 너도밤나무 판자에 기록한 다음 묶어 보관했습니다. 너도밤나무는 고대 튜튼족의 언어로 '복(bok)'이라고 했는데, 이것이 '북(book)'으로 변했습니다. 중국에서는 종이가 발명되기 이전, 주로 대나무를 쪼개 그곳에 기록하곤 했습니다. 글을 쓰기 위해 쪼갠 길쭉한 대나무조각을 간(簡) 또는 죽간(竹簡)이라 했습니다. 간단한 내용은 죽간 하나에 기록했지만 분량이 많을 때는 죽간을 끈으로 여러 개 묶었는데 그것을 책(冊)이라 불렀습니다. '책(冊)'은 죽간을 가죽 끈으로 꿴 상형문자입니다.

Sumerian Tablet

  책은 대중에게 널리 알리기 위한 저작물입니다. 하지만 그러기까지에는 꽤 오랜 세월이 걸렸습니다. 왜냐하면 초기에는 권력자(귀족과 성직자)들이 정보를 독점하여 일반인은 책을 볼 수조차 없었거든요. 종이가 발명되기 전에는 양가죽으로 만든 양피지에 기록했기에 더더욱 그랬습니다.

  중세 이전까지의 책은 일일이 손으로 써야 하는 힘든 작업을 거쳐 만들어졌습니다. 때문에 도서관에 보관된 책은 도난 방지를 위해 쇠사슬에 묶여 진열되었고, 책을 보는 장소도 입식 설치대로 한정되었습니다. 상황이 이러니 일반인은 책을 만지기는커녕 구경하기도 힘들었지요.

Gutenberg Bible

Johannes Gutenberg

그런 점에서 구텐베르크(1397~1468)의 역할은 매우 컸습니다. 서양 최초로 금속활자를 사용한 활판인쇄를 선보임으로써 책의 대중화를 가능하게 만들었기 때문입니다. 구텐베르크는 첫 책에 어떤 내용을 담을 것인지 고심하다가 성경을 선택했습니다.

"기독교가 지배하는 세상에서 성경보다 더 잘 팔릴 책은 없을 거야."

그의 예상은 적중했습니다. 일반인이 책을 읽는 것을 못마땅하게 여긴 특권층도 성경 보급에 대해서만큼은 어찌 할 수 없었거든요.

하지만 활판인쇄는 성경만 퍼트린 게 아니었습니다. 적극적인 사람들이 자기주장을 기록한 책을 발간하여 대중에게 알리기 시작했습니다. 예컨대 종교개혁가 마르틴 루터는 개혁에 관한 목소리를 전단지 형태로 대량 인쇄하여 배포함으로써 종교혁명을 불러일으켰습니다.

다시 말해 책으로 인해 지식혁명이 일어났으며, 지배층과 피지배층 사이의 지식 격차가 크게 좁혀졌습니다. 어떤 나라에서는 금서 목록을 만들어 관련 책들을 읽지 못하게 했는데, 책이 그만큼 영향력이 컸음을 일러주는 사례입니다.

문맹자가 줄어들면서 독자가 늘어났고 그런 열기를 바탕으로 수많은 책이 세상에 등장했습니다. 그렇지만 사람들의 관심을 끈 책은 그렇게 많지 않았습니다. 시대를 떠나 공감할 수 있는 내용을 담고 있거나 상상 여행을 즐길 수 있는 책이 줄곧 사랑을 받았습니다. 특히 감동적인 사랑 이야기는 시대를 초월하여 인기를 끌었습니다. 최근에는 삶에 도움이 될 만한 실용서적에 대한 관심이 큽니다. 단순한 호기심 해결이 아니라 생존경쟁에서 살아남기 위한 정보로서의 책을 찾아보는 것입니다.

최근 인터넷의 등장으로 지적 호기심의 해결이 한결 쉬워졌으나, 책은 여전히 수준 높은 교양정보이자 상상 여행 도우미로써 자리를 잡고 있습니다.

93·94 일째

달력 : 시간의 흐름을 계산한 숫자들의 행진

"80일만에 세계를 한 바퀴 돌 수 있을까?"

"2만 파운드를 걸고 내기 합시다."

영국의 신사 필리어스 포그는 클럽 친구들과 내기를 걸고 80일간의 세계여행에 나섭니다. 그는 각종 교통수단을 이용해 여러 어려움을 뚫고 인도·중국을 거쳐 계속 동쪽으로 여행하면서 간신히 영국으로 돌아옵니다. 하지만 뜻하지 않은 사건으로 감옥에서 80일째를 보내야 했고 모든 걸 포기한 채 집으로 돌아갑니다. 그러나 지구의 자전 방향으로 인해 그 날이 당초 도착하기로 약속한 마지막 날임을 알고는 부랴부랴 클럽으로 가서 내기에 이깁니다.

위 이야기는 프랑스 작가 J.베른이 1873년 발표한 소설 〈80일간의 세계일주〉의 줄거리로써, 날짜변경선을 활용한 반전이 인상적입니다. 그런데 이것은 기본적으로 달력이 있었기에 가능한 내기입니다. 달력이 없었다면 날을 헤아릴 수 없었을 것이고, 날짜변경선이라는 개념도 있을 수 없었을 테니까요.

'달력'은 달이 지구를 한 바퀴 도는 걸 참조해서 만든 시간계산법입니다. 한 달, 두 달, 할 때의 달은 바로 밤하늘에 떠오르는 보름달 횟수를 가리키지요. 다시 말해 달이 변하는 모양에 따라 날 수를 표시했다고 해서 생긴 말이 달력입니다.

고대인들은 때때로 축제를 벌여 신에게 소원을 빌거나 감사의 뜻을 표시하곤 했는데, 신년 축제가 대표적인 예입니다. 기원전 3000년경 바빌로니아인은, 봄이 시작하는 3월 하순 춘분(春分)에 시작하여 11일 동안 농사의 신 마르둑에게 풍년을 기원드리는 축제를 벌였습니다. 이런 축제는 매년 되풀이됐고 따라서 시기를 놓치지 않기 위해 정확한 달력이 만들어졌습니다.

바빌로니아 율법학자들은 1년을 12개월로 나누고 1개월은 30일로 나누었습니다. 현재 사용 중인 7일 체계도 이때 만들어졌습니다. 주기를 7일로 정한 건 우주에 7개 행성이 있다는 바빌로니아인의 믿음에서 비롯되었고요.

Babylonian Calendar

"홍수에 대비해야겠어."

고대 이집트인은 해마다 일어나는 나일강 범람 피해를 막고자 1년을 365일로 나눈 달력을 만들었습니다. 기원전 46년 로마의 카이사르는 이집트달력을 수정해 율리우스력을 제정했고, 이때 4년마다 하루를 추가하여 '윤년(남는 날을 집어넣은 해)'을 만들었습니다.

그런데 정치적 이유로 달의 날수가 달라졌습니다. 예컨대 기원전 8년에는 종전까지 '섹스틸리스(6번째 달)'라 불리던 달에 아우구스투스 황제의 이름을 따서 '오거스트'(August)라고 했습니다. 그러나 섹스틸리스 날수는 카이사르 이름을 따라 명명된 '줄라이(July)'보다 하루 적은 30일이었고, 누구에게도 지기 싫어했던 아우구스투스는 오거스트 날수를 하루 늘리고 2월(February)을 28일로 줄이도록 했습니다. 그래서 2월이 다른 달보다 짧아진 것입니다.

그 후 율리우스력이 약간 부정확하다는 것이 밝혀졌고, 춘분을 기준으로 한 교회 축제일은 매년 빨라졌습니다. 1582년 10월 15일 교황 그레고리 13세는 율리우스력에서 열흘을 빼고, 400으로 나뉘지 않는 100년 단위의 해는 윤년으로 정하지 말도록 공포하여 이러한 불일치를 바로 잡았습니다. 예를 들면 1600년과 2000년은 윤년이지만 1900년은 윤년이 아닙니다.

지금 널리 사용 중인 역법은 그레고리력입니다. 달의 위상을 바탕으로 하는 종교적 축일과, 태양 운동에 따라 결정되는 계절적 활동과 관련된 날짜를 하나의 체계로 기술하고 있기 때문에 널리 퍼질 수 있었습니다.

우리나라에서는 옛날부터 음력·양력을 절충한 달력을 썼으며, 평소 생활은 음력에 따르고, 농사는 양력 24절기를 따랐습니다. 1896년 1월 1일에는 태양력이 공식 달력으로 채택되었고, 몇 차례의 변화를 거쳐 현재에 이르고 있습니다.

95·96 일째

시계 : 시간을 알려주는 기계

"곧 컴컴해질 것 같으니 빨리 해."

"벌써?"

"그래, 해시계가 6시야."

고대인들은 해시계를 보고 시각을 파악했습니다. 둥근 원에 일정한 간격으로 선을 긋고 한가운데에 막대기를 세우면 해의 진행 방향에 따라 그림자가 옮겨 다녔으므로, 해시계는 만들기도 쉬웠습니다. 현대 시계의 바늘은 오른쪽으로 돌아가게 만들어지는데 그건 해시계에서 비롯된 관습입니다. 북반구에 사는 사람들 시각에서는 그림자가 오른쪽으로 돌거든요.

"도대체 몇 시인지 알 수가 없네."

"날이 어두우니 어쩔 수 없어."

그러나 해가 진 밤이나 비가

Royal Observatory, Greenwich

오는 날에는 해시계를 볼 수 없었습니다. 아쉬운 대로 별의 위치를 파악하며 시각을 살폈지만 밝은 낮보다는 여러 모로 불편했습니다.

하여 날씨에 관계없이 시각을 알 수 있는 기구를 만들려 노력했고, 마침내 모래시계를 고안해냈습니다. 모래시계는 그릇 두 개를 등 돌린 형태로 이은 다음 좁은 통로로 모래가 조금씩 흘러내리도록 만든 것으로써, 비교적 시간을 정확히 잴 수 있었습니다. 하지만 모래시계는 일정한 시간을 재는 데는 편리했으나 하루 중 몇 시인지 파악하기가 어려웠습니다. 따라서 언제 어디서나 정확한 시각을 알려주는 시계에 대한 연구를 계속했습니다.

해시계는 기원전 2,000년 전부터 바빌로니아 및 이집트인들이 정밀하게 만들어 썼습니다. 이어 모래시계와 물시계를 사용했습니다. 바빌로니아인은 문자판을 12등분하면서 하루를 24시간으로 계산했고 60진법에 따라 1시간을 60분, 1분을 60초로 계산했습니다. 그리스는 이런 바빌로니아인의 천문 역법을 그대로 받아들였고 현재까지 이어가고 있습니다.

지금 세상이야 개개인이 시계를 갖고 있으나 옛날에는 그렇지 않았습니다. 그런 사정을 감안해서 중세시대 유럽에서는 시계를 종교적 목적으로 썼습니다. 특히 1270년 영국 수도원에서는 추가 규칙적으로 작동하는 톱니바퀴 시계를 수도원 탑에 설치했고, 시계 종소리로 기도시간을 알렸습니다.

"종이 울리네. 그럼 기도를 드려야지."

자동적으로 종을 울려 시각을 알려주는 괘종시계는 1335년 밀라노에서 처음 제작, 설치됐습니다. 이 시계는 규칙적으로 풀리는 로프 끝에 돌을 매달아 시각을 표시하도록 되어 있었으며, 이 돌이 정해진 지점에 도달하면 기도나 예배의 신호로써의 교회종이 울렸습니다. 16세기 이후에는 유럽 대부분의 교회에 시계

를 설치했고, 사람들은 종소리에 따라 하루 일과를 진행했습니다.

최초의 가정용 시계는 14세기 후반에야 등장했으며 극히 일부분의 사람만이 가질 수 있었습니다. 18세기경 유럽 사회에서는 커다란 추로 작동되는 대형 시계가 중류층 가정의 필수적인 가구로 유행했습니다.

1583년 갈릴레이가 발견한 진자운동의 등시성(等時性 줄에 매달린 진자는 똑같은 시간간격을 가진다는 원리)은 시계제작에 큰 도움을 주었습니다. 1656년 네덜란드 수학자 호이겐스가 그 원리를 걸쇠에 응용하면서, 분침·초침까지 장착된 기계시계가 탄생했습니다. 진자와 태엽을 사용한 시계는 매우 정확했고, 그와 더불어 해시계의 역할도 끝났습니다. 18세기경 스위스는 시계의 정확성으로 명성을 얻으며 시계 제작의 중심지가 됐지요.

19세기 말엽 회중시계가 대량 생산되면서부터는 노동자도 시계를 차고 다녔습니다. 이때 시계 시장은 고가품과 중저가품으로 양분화 됐는데, 마치 고급시계와 중저가시계로 양분화 된 요즘의 상황과 비슷합니다. 즉 귀중품인 시계가 대중화되자 시계업자들이 보다 큰 이익을 남기기 위해 이른바 고급품으로 차별화 시장을 만든 것이지요.

97·98일째

온도계 : 뜨겁고 찬 상태를 숫자로 알려주는 기구

"온도를 정확히 알면 좋겠는데……."

1593년경 이탈리아 과학자 갈릴레이는 똑같은 실험을 반복할 때마다 한 가지 어려움을 느꼈습니다. 바로 실험실 안의 온도가 아침저녁에 따라, 그리고 날마다 변한다는 점이었습니다. 온도가 일정한 상태에서 실험해야 정확한 결과를 얻을 수 있음을 감안하면 큰 문제였습니다.

갈릴레이는 고민 끝에 공기가 더워지면 부피가 팽창하고 식으면 줄어드는 원리에 착안하여 온도계를 만들었습니다. 실린더 안에 4~5개의 색깔이 다른 구슬을 넣어 그 유리구슬이 온도 변화에 따라 오르내리는 구조였습니다.

"지금 10도니까 조금 더 기다려야겠네."

갈릴레이의 노력은 당시 많은 과학자들에게 온도계의 중요성을 일깨워줬고, 1654년 그의 제자 페르디난트가 알코올을 이용한 온도계를 만들기에 이르렀습니다. 그러나 그 온도계는 실용성이 약해서 대중화되지 못했습니다.

실제로 사용이 가능했던 온도계는 1724년 독일 물리학자 파렌하이트가 만들었습니다. 그는 알코올 대신 수은을 이용하는 게 더 효율적이라는 사실을 찾아냈는데, 알코올의 경우 눈금이 금방 오르내리는 단점이 있어 환자의 체온을 재는 데는 부적합했거든요. 하지만 수은의 경우는 눈금이 올라가고 내려오는 시간이 2분 정도 걸리기 때문에 의사인 그에게 제격이었습니다.

Gabriel Daniel Fahrenheit

    수은은 뜨거워질수록 부피가 팽창하는 비율이 일정해서 정확하게 눈금으로 나타낼 뿐 아니라 유리에 붙지 않고 (넓은 온도 범위에서) 액체 상태를 유지한다는 특성이 있습니다. 파렌하이트는 수은 온도계로 여러 액체의 끓는 온도를 재어 보고, 이 끓는점이 공기의 압력과 관계있다는 사실도 알아냈습니다. 이를 바탕으로 그는 '화씨' 눈금을 처음으로 만들어냈습니다.

    지금 우리나라에서 가장 널리 쓰이는 측정방식은 '섭씨' 입니다. 이는 1742년

스웨덴 천문학자 셀시우스가 주장한 것으로, 어는점과 끓는점 사이를 100으로 나눴습니다. '섭씨'는 십진법에 익숙한 사람들 덕분에 금방 표준으로 자리 잡았습니다.

오늘날 섭씨온도(℃)는 미터법을 채택하고 있는 거의 모든 국가에서 사용되고 있고 과학분야에서도 광범위하게 쓰입니다. 화씨온도(℉)는 미국을 비롯한 몇몇 영어권 국가들에서 사용되고 있고요.

온도는 인체에 큰 영향을 미칩니다. 너무 덥거나 추우면 생존할 수 없고, 일정한 체온을 유지하기 위해 옷을 얇게 입거나 껴입어야 합니다. 온도계가 없던 시절에는 더위·추위의 세기나 지속기간을 알지 못해 사고를 당하는 일이 많았습니다. 또한 습기와 더위가 사람을 짜증나게 만든다는 사실도 몰라서 무더운 여름철에 사소한 일로 자주 다투곤 했습니다.

온도계는 날씨가 인체에 끼치는 영향이 무엇인지도 알게 해주었는데, '불쾌지수' 라는 용어가 대표적입니다. 불쾌지수는 1959년 6월 미국 뉴욕기상대에서 발표한 것이 시초로써, 난방·냉방에 필요한 전력을 측정하기 위하여 날마다 일기예보에 사용했습니다. 현재는 세계 각국의 기상대에서 주로 여름철에 발표하고 있지요.

'체온계' 역시 온도 측정의 필요성을 느껴 발명하게 되었으며, 갈릴레이의 친구이자 의학자인 산토리오가 17세기 초에 창안·제작했습니다. 산토리오가 만든 임상용 체온계는 흔들어서 수은을 내려 보낸 다음 입에 넣어 온도를 재는 방식이었기에 불편했습니다. 1867년 영국 의사 토머스 앨버트는 그걸 개선하고자 사람의 체온을 비교적 정확히 측정하는 의료용 체온계를 발명했습니다. 이로써 몸에 열이 어느 상태인지 간편히 알 수 있게 됐으며 가정에서도 스스로 점검하는데 유용하게 쓰이고 있습니다.

99 · 100 일째

텔레비전 : 보고 즐기는 정보 오락기기

"텔레비전에서 뭐 하니?"
"외국 영화."

현대인이 날마다 보는 텔레비전은 그 역사가 짧습니다. 1880년대부터 여러 사람들이 연구를 시작하여 20세기 초에야 완성했거든요. 1923년 영국 기술자 베이드는 주사선이 8개인 텔레비전의 특허를 얻었고, 1926년에 송수신기를 선보였습니다. 1928년 미국에서 시험 방송이 이루어졌으며, 1930년대부터 영국과 독일에서 정규 방송이 시작됐습니다.

하지만 초기에는 사람들이 텔레비전에 대한 관심을 보이지 않았습니다. 볼 게 없었거든요. 하여 TV가 보급되려면 뭔가 큰 화제가 필요했는데, 그런 일이 실제로 벌어졌습니다.

1939년 4월 30일 뉴욕에서 만국박람회가 열린 날이었습니다. NBC방송은 거대한 박람회 상징마크를 최초의 화면으로 내보냈고, 이어 군중 풍경, 군사 퍼레이드, 유명인사들의 참관 모습 등을 보여주었어요. 이때 나서기 좋아하는 뉴욕 시장이 카메라를 향해 다가갔는데, 당황한 카메라맨은 어찌해야 할지 몰라 그의 얼굴을 다양한 모습으로 계속 보여줄 수밖에 없었습니다. 그런데 이 화면들은 뜻밖에 사람들 눈길을 끌었습니다. 뉴욕 시장은 오늘날, TV카메라만 보면 손을 흔드는 불청객의 원조인 셈이었으며 어찌됐든 박람회 중계는 성공적이어서 다

음날 백화점에는 TV 수상기를 구입하려는 시민들로 붐볐습니다.

미국보다 먼저 정규방송을 시작한 영국도 엘리자베스 2세 여왕 즉위식 중계를 계기로 텔레비전 보급이 본격화됐습니다. 1953년 6월 2일 웨스트민스터사원에서 여왕 즉위식을 올렸을 때 영국 가정의 텔레비전 보유대수는 250만대였는데 그중 50만대가 행사 전 수 주일 동안 판매된 것이었으니까요. 그로부터 1년 사이에 텔레비전은 영국 대부분의 도시에 보급되었고, 미국 역시 그러했습니다.

"이야, 저 나라 결혼식 풍경은 아주 특이하네."

TV는 '세계의 한마당화'에 크게 공헌했습니다. TV는 내가 살고 있는 이 땅을 벗어나지 않아도 세계 구석구석을 알 수 있는 지식과 정보를 제공해줌으로써 공간적 제약을 무너뜨렸거든요. 다른 나라의 독특한 옷차림이 세계적인 유행패션으로 등장하고, 먼 나라의 이색적인 생활풍속을 재미있게 구경할 수 있는 건 전적으로 TV 덕분입니다.

텔레비전은 작은 화면에 넓은 세상을 담아, 볼 수 있는 공간적 범위를 넓혀주면서 동시에 시간적으로 동질감을 느끼게 해주었습니다. 다시 말해 많은 사람이 같은 시각에 같은 걸 보면서 공감대를 느끼게 된 것이지요. 오늘날 올림픽이나

월드컵이 세계인들로부터 엄청난 관심의 대상이 된 것도 TV 중계 덕분이며, 1969년 우주비행사 닐 암스트롱이 달 표면에서 껑충껑충 뛰는 걸 보며 세계인이 함께 흥분한 것도 TV가 있기 때문에 가능한 일이었습니다. 요컨대 오늘 어딘가에서 일어난 일을 오늘 바로 알 수 있는 속보성이야말로 TV가 갖는 최대 강점입니다.

또한 시간의 간격 없이 즉각적으로 전달되는 전파는 그것을 함께 느끼는 사람들의 감성을 자극하면서 은연중 기억하게 만드는 역할도 합니다. TV에 나온 광고, 드라마, 코미디가 각종 유행의 진원지가 되는 이유가 여기에 있습니다.

"자꾸 보니까 재미있네."

텔레비전은 사람을 중독시키는 힘이 강합니다. 왜 그럴까요? 그 비밀은 '속도'와 '움직임'에 있습니다. 사람의 눈은 움직이는 물체를 따라가는 경향이 있는데, 그 대상이 끊임없이 움직이면 계속 관심을 갖습니다. 정지된 광고판보다 움직이는 광고판에 무의식적으로 더욱 눈길을 보내게 되는 것도 그 때문이지요. 이처럼 생각 없이 보게 되는 까닭에 TV를 '바보상자'라고도 합니다. 따라서 무조건 재미있는 프로그램만 볼 게 아니라 교양을 넓힐 수 있는 진지한 다큐멘터리도 가끔 보는 게 좋습니다.

101 일째

컴퓨터 : 계산능력을 갖춘 문자 정보 도서관

"이제 됐다! 이걸 이용하면 계산하기가 훨씬 쉬울 거야."

컴퓨터는 20세기에 발명됐지만 그 유래는 17세기로 거슬러 올라갑니다. 프랑스 과학자 파스칼이 1642년 톱니바퀴로 연결된, 덧셈·뺄셈이 가능한 숫자 계산기를 만든 게 시초거든요. 파스칼은 세금을 계산하느라 고생하는 아버지를 도와드리기 위해 발명에 나섰다고 합니다. 기계적으로는 이게 컴퓨터 효시로 여겨지고 있습니다.

하지만 이론적으로는 독일 수학자 라이프니츠가 컴퓨터 선구자로 꼽힙니다. 라이프니츠는 1701년, 중국의 〈64괘〉를 보고 2진법 사상을 발견했으니까요.

"세상은 음과 양, 두 가지로 조화를 이룬 것이구나."

'64괘' 란 모든 천지만물을 상징하기 위해 설정한 64개의 괘(卦)를 가리키는 말로, 외줄 선으로 표시되는 양(陽)과 갈라진 선으로 표시되는 음(陰)이 하나의 괘를 구성합니다.

컴퓨터는 2진법을 이용해 빠른 계산을 하는 기계로써, '계산하는 기계' 라는 뜻을 지니고 있습니다. 1946년 펜실베이니아대학에서 만든 에니악(Eniac)이 최초의 컴퓨터로 알려지고 있습니다. 무기 폭발 장치의 기능적 측면에 주로 사용되던 에니악은 점차 공학용·자료산출용 계산기로 쓰였습니다. 1952년 존 폰 노이만이 프로그램내장형 고속컴퓨터를 완성함으로써 본격적으로 컴퓨터의 시대를 앞당겼습니다.

 이른바 '슈퍼컴퓨터'는 1970년대에 등장했습니다. 여기서의 '슈퍼'는 거대한 규모가 아니라 놀라울 정도로 빠른 계산능력을 의미합니다. 엄청난 자료를 순식간에 계산하는 슈퍼컴퓨터는 1976년 미국의 크레이 리서치사가 처음 만들었으며, 세계 각지에 원자력·핵융합을 비롯하여 우주개발·항공기설계 등 갖

가지 과학기술분야에 사용되고 있습니다.

　　오늘날 사람들은 컴퓨터를 이용하여 날씨를 예측하고 책을 만드는가 하면, 은행 거래에 있어 빠르게 일을 처리할 수 있으며, 비행기 항로를 설정하는데 도움을 받기도 합니다. 컴퓨터 크기는 갈수록 작아져 들고 다닐 수 있는 '노트북'까지 만들어졌고, 몸에 부착할 수 있는 휴대용 컴퓨터의 등장을 눈앞에 두고 있지요. '정보의 바다'라 불리는 인터넷은 컴퓨터의 또 다른 산물이니 컴퓨터는 수리 계산 능력과 문자 정보 기능을 멋지게 결합시킨 발명품인 셈입니다.